Seiler (Hg.)
Was wird aus uns noch werden?

Gedruckt mit Unterstützung der Berta Hess-Cohn Stiftung, Basel.

LUKREZIA SEILER (HG.)

WAS WIRD AUS UNS NOCH WERDEN?

BRIEFE DER LÖRRACHER GESCHWISTER GRUNKIN
AUS DEM LAGER GURS, 1940–1942

CHRONOS

Umschlagfoto: Internierte Frauen im Lager Gurs, November 1940.
Photothèque CICR (DR) HIST-03393-05.
© 2000 Chronos Verlag, Zürich
ISBN 3-905314-16-9

Es ist schwer, ein Mensch zu sein.

Zum Gedenken an
Marie und Josef Grunkin
und an die vielen unschuldigen Menschen,
die im Holocaust ihr Leben lassen mussten.

Rosa Schäublin-Grunkin, August 2000

Inhalt

Geleitwort: Ernst Ludwig Ehrlich   9

Dank   11

Zu diesem Buch   13

Die Familie Grunkin vor 1933 –
Unbeschwerte Jugendzeit in Lörrach   17

Schatten des «Dritten Reiches» –
Ausgrenzung und Verfolgung   21

Emigrationspläne –
Gewährte und verweigerte Hilfe der Schweiz   24

Das Ende einer blühenden Gemeinde –
Die Deportation der Lörracher Juden   39

«Vor soviel Elend kann niemand unbeteiligt bleiben» –
Das Camp de Gurs   50

*Die Briefe der Geschwister Josef und Marie Grunkin aus Gurs
Oktober 1940 bis September 1942*   65

Das Ende   113

Anmerkungen   116

Bibliographie   125

Geleitwort

Dieses Buch über eine jüdische Familie in Lörrach ist ein wichtiges Dokument und besitzt einen besonderen Wert, weil es sich um eine Durchschnittsfamilie handelt, mit der eine Identifikation möglich ist. Niemand kann sich mit der unvorstellbar grossen Zahl von sechs Millionen jüdischer Opfer des Holocaust identifizieren. Es kommt jedoch drauf an, dass man das Leiden dieser Millionen von Menschen an Einzelbiografien erfährt. So kann man wenigstens versuchen zu verstehen, was mit jüdischen Bürgerinnen und Bürgern geschah. Obwohl sie in ihre Umwelt integriert waren, mussten sie 1933–1945 schmerzlich erkennen, dass diese Integration sie nicht vor der Verfolgung schützte. Wir erfahren durch dieses Buch fast mehr, als dies durch eine historische Gesamtdarstellung erfolgen könnte.

Unter der NS-Herrschaft wurden Juden und Jüdinnen immer mehr diffamiert und von der Gesellschaft ausgegrenzt. Wohl handelte es sich um Verordnungen des Nazistaates; aber dieser bestand schliesslich aus Menschen. Viele sahen weg, blieben gleichgültig und feige. Wenige verhielten sich anständig und versuchten, den Juden im Rahmen ihrer Möglichkeiten zu helfen; es waren leider nur einzelne. Auch die Schweiz ist mitbeteiligt am Schicksal der Familie Grunkin. Nachdem die Mutter und zwei erwachsene Kinder zusammen mit den badischen Juden nach Südfrankreich deportiert und in das Lager Gurs interniert worden waren, versuchte die in Riehen bei Basel verheiratete Tochter, ihre Angehörigen in die Schweiz zu holen. Die alte Mutter wurde schliesslich dort aufgenommen, die Einreise der Geschwister aber wiederholt abgelehnt, dies zu einer Zeit, als der Bundesrat längst wusste, dass die Juden in den von den Deutschen okkupierten Gebieten zur Vernichtung bestimmt waren.

Wir müssen uns mit dem Schicksal dieser jüdischen Menschen konfrontieren und es nicht verdrängen. Nur wer sich erinnert, leistet sich selbst einen Dienst für die Gestaltung der Zukunft. Dazu soll dieses Buch dienen; damit wir wissen, wozu Menschen fähig sind, die andere Menschen ohne jeden Grund und Anlass verfolgen und quälen. Wir wollen hoffen, dass das Wissen um diese Vergangenheit dazu dient, dass kommende Generationen sich mit aller Kraft dagegen wehren, noch einmal in eine ähnliche Situation zu kommen. Daher gilt die Devise: Wehret den Anfängen und bekämpft Fremdenfeindlichkeit und Judenhass, wo immer diese auftauchen, mit allen Mitteln.

Ernst Ludwig Ehrlich, Riehen

Dank

Ich danke allen, die mitgeholfen haben, dass die Briefe von Josef und Marie Grunkin aus dem Lager Gurs in der vorliegenden Form herausgegeben werden konnten: den Lörracher Frauen und Männern, die mir ihre Erinnerungen an die Geschwister Grunkin erzählten; Walter Jung, dem Altratschreiber von Lörrach, der mir viele wertvolle Informationen vermittelte; den Archiven, die mich bei meiner Suche nach Dokumenten aus dem Leben der Familie Grunkin unterstützten, namentlich dem Staatsarchiv Basel-Stadt, dem Stadtarchiv Lörrach und den Archives départementales des Pyrénées-Atlantiques in Pau; dem Chronos Verlag Zürich, der die Herausgabe dieses Buches ermöglichte.

Vor allem aber danke ich Rosa Schäublin-Grunkin, die mir die Briefe ihrer Geschwister anvertraute und die mit Interesse und vielen Informationen die Arbeit an diesem Buch begleitete, trotz der grossen Belastung, welche die intensive Auseinandersetzung mit dem Schicksal ihrer Geschwister für sie bedeutete. Ihr Mut und ihr Wunsch, die Erinnerung an Josef und Marie Grunkin aufrechtzuerhalten, haben mich tief beeindruckt.

Lukrezia Seiler

Zu diesem Buch

Am 22. Oktober 1940 wurden über 6500 Juden aus Baden, der Pfalz und dem Saarland aus ihren Wohnungen geholt, in den unbesetzten Teil Frankreichs abgeschoben und dort im Lager Gurs am Fusse der Pyrenäen interniert. In diesem riesigen, überfüllten Lager, in welchem Hunger, Kälte, Morast und unbeschreibliche hygienische Verhältnisse herrschten, wurden die Vertriebenen fast zwei Jahre lang gefangen gehalten: Viele starben, einige wenige konnten das Lager verlassen, ein grosser Teil wurde im Herbst 1942 nach Auschwitz deportiert und umgebracht.
Auch in der südbadischen Kreisstadt Lörrach wurden an jenem Morgen die letzten noch in der Stadt verbliebenen Juden zusammengetrieben, auf Lastwagen verfrachtet und abtransportiert. Unter ihnen befanden sich die Geschwister Marie und Josef Grunkin, 27 und 32 Jahre alt, zusammen mit ihrer Mutter Fanny Grunkin. Aus dem Elend des Lagers schrieben die Geschwister viele Briefe an ihre in der Schweiz verheiratete Schwester Rosa, schilderten ihre Not und baten um Hilfe, vor allem für die alte Mutter. Es gelang denn auch wirklich, die Mutter im Frühjahr 1941 in die Schweiz zu holen, doch alle Gesuche an die Basler und die Eidgenössische Fremdenpolizei, auch für die Geschwister eine Einreisebewilligung zu erhalten, wurden abgelehnt.
Rosa Grunkin, die Empfängerin der Briefe, hat diese mehr als ein halbes Jahrhundert lang sorgfältig aufbewahrt. Ich erinnere mich an den dämmrigen, grauen Nachmittag, an dem sie mir zum erstenmal von den Briefen aus Gurs und von ihrer Familie erzählte.[1] Sie sprach von der unbeschwerten Jugendzeit, die sie mit ihren Eltern und drei Geschwistern in Lörrach erlebt hatte, von der langsamen Ausgrenzung der Juden und der wachsenden Verfolgung im «Dritten Reich». Sie erzählte vom Tod ihres Vaters, von der Emigration des ältesten Bruders im Jahre 1935, ihrer eigenen Heirat in die Schweiz und von den vielen verzweifelten Versuchen ihrer Geschwister, zusammen mit der Mutter Aufnahme in der Schweiz oder in einem andern Land

zu finden. Mit leiser Stimme schilderte sie jenen Schreckenstag, an dem sie die Nachricht erhielt, dass ihre Angehörigen mit unbekanntem Ziel abtransportiert worden seien. Sie erzählte mir von den vielen Briefen, die aus dem Camp de Gurs eintrafen, und von der letzten Karte ihres Bruders, mit welcher er ihr mitteilte, dass ihre Schwester aus dem Lager abtransportiert worden sei, er wisse nicht, wohin. Das Gespräch kreiste um etwas, das sie nicht aussprechen konnte, wich immer wieder davon zurück; und erst spät – die Dämmerung war schon tief ins Zimmer eingedrungen – sprach Rosa Grunkin aus, was sie noch keinem Fremden gesagt hatte: dass ihre Schwester Marie nach Auschwitz deportiert worden sei, wo sich ihre Spur verlor; und dass ihr Bruder Josef 1945, kurz vor Kriegsende, im Konzentrationslager umgebracht worden sei.

Rosa Grunkin hatte die Briefe ihrer Geschwister aus Gurs in eine Schachtel gelegt, von einem Wohnort zum andern mitgenommen und stets neben ihrem Bett aufbewahrt – aber sie hatte nie mehr den Mut gefunden, die Schachtel zu öffnen und die Briefe wieder zu lesen. Erst eineinhalb Jahre nach unserem Gespräch fand sie die Kraft, die Briefe zu lesen und sich der Erinnerung an das Schicksal ihrer Geschwister in derart intensiver Weise zu stellen. Und nun macht sie die Briefe der Öffentlichkeit zugänglich, einmal, weil sie einen Teil der Geschichte darstellen, die das jüdische Volk im 20. Jahrhundert erlitt: «Vor allem aber möchte ich, dass etwas vom Leben meiner Geschwister übrigbleibt, und dass die Erinnerung an sie weiterlebt.»

Die erhalten gebliebenen 32 Briefe und Karten, die Marie und Josef Grunkin aus Gurs geschrieben haben, stehen im Zentrum dieses Buches.[2] Sie geben Einblick – soweit es die Zensur zuliess – in die schrecklichen Zustände, die im Lager Gurs herrschten. Sie zeugen aber auch vom Mut und Durchhaltewillen der beiden jungen Menschen, die versuchten, im Elend des Lagers so etwas wie Normalität zu leben. Eine grosse Verbundenheit der Geschwister spricht aus allen Briefen. Zwei aufrechte, mutige Menschen werden in diesen Briefen lebendig, die sich nicht nur um ihre alte Mutter sorgen, sondern auch der Schwester in der Schweiz Trost und Mut zusprechen. Die Hoffnung auf ein Leben in Freiheit und die Sehnsucht nach den Angehörigen wird im Laufe der langen Gefangenschaft immer grösser, doch in den letzten Briefen steigt eine Vorahnung auf vom schrecklichen Schicksal, das sie erwartet.

In den einleitenden Kapiteln des Buches wird die Geschichte der aus Russland eingewanderten Familie Grunkin vor dem zeitgeschichtlichen Hintergrund nachgezeichnet. Die Flucht des ältesten Bruders Georg in die Schweiz und die vielen Versuche von Josef und Marie Grunkin und ihrer Mutter, in die Schweiz einzureisen, lassen sich durch den umfangreichen Aktenbestand im Basler Staatsarchiv detailliert dokumentieren. Diese Akten zeigen die Haltung der Schweiz, welche einige Mitglieder der Familie rettete, den andern aber jede Hilfe verweigerte, in ihren ganzen Ambivalenz und Widersprüchlichkeit auf.

Neben den Briefen aus Gurs befinden sich im Besitz von Rosa Grunkin auch mehrere, hier ausführlich zitierte Briefe, welche Josef und Marie Grunkin vor der Deportation aus Lörrach nach Riehen schrieben. Sie zeigen die vielen Emigrationspläne, die Josef für sich und seine Angehörigen schmiedete, und sie sprechen von Maries Sorgen und Ängsten. In diesen letzten Briefen vor der Deportation wird die Bedrängnis und Bedrückung greifbar, welche das Leben für die Juden in Deutschland unerträglich machten.

Ein eigenes Kapitel ist der jüdischen Gemeinde von Lörrach zur Zeit des Nationalsozialismus gewidmet, von den ersten Diskriminierungen bis zur Auslöschung der Gemeinde durch die Deportation vom 22. Oktober 1940. Mit Zeitzeugenberichten, Briefen, Dokumenten und Fotos wird dieser bisher kaum behandelte Teil der Lörracher Geschichte beleuchtet.

Das Camp de Gurs, wohl das berüchtigtste und bekannteste Internierungslager in Südfrankreich, in welchem Tausende von Juden interniert waren, ist in verschiedenen Erinnerungsberichten und im grundlegenden Buch von Claude Laharie: «Le Camp de Gurs»[3] dargestellt worden. Die Briefe von Marie und Josef Grunkin enthalten eine Fülle von Einzelheiten, welche diese Berichte bestätigen und ergänzen. Auch die in den Archives départementales des Pyrénées-Atlantiques in Pau vollständig erhaltenen Akten des Lagers Gurs lieferten viele wichtige Hinweise. Anhand all dieser Quellen und der Briefe war es möglich, Marie und Josef Grunkins Gefangenschaft in

Gurs nachzuzeichnen und in den grösseren Rahmen der südfranzösischen Internierungslager zu stellen.

Als im Herbst 1942 die Vichy-Regierung Tausende der in den südfranzösischen Lagern internierten Juden an die Nazis auslieferte, wurden auch Josef und Marie Grunkin nach Auschwitz deportiert. Ihre Stimme verstummte; das Ende ihres Lebens kann, wie im letzten Kapitel des Buches dargestellt, nur noch aus Dokumenten rekonstruiert werden. Was übrig bleibt, sind ihre Briefe.

Die Familie Grunkin vor 1933 – Unbeschwerte Jugendzeit in Lörrach

Die Geschichte der Lörracher Familie Grunkin beginnt im Russland der Jahrhundertwende, in Witebsk. Dort wurde Vater Wulf Grunkin im Jahre 1874 geboren, vier Jahre darauf seine spätere Gattin Feiga Eidensohn, genannt Fanny, die «in dem Geburtsbuche der weiblichen, jüdischen Bevölkerung der Stadt Witebsk unter Nr. 94 eingetragen» wurde.[4] Wir wissen wenig über jene Jahre. Rosa Grunkin bedauert, dass ihre Eltern nur wenig aus der Vergangenheit in Russland erzählten und dass das einzige Fotoalbum, das Bilder aus jener Zeit enthielt, nach der Deportation verschwand. Sicher ist nur, dass Georg, der erste Sohn der Familie, im Dezember 1903 in Witebsk geboren wurde.[5]

Im Sommer 1904 wanderte Wulf Grunkin mit einigen befreundeten jüdischen Männern aus Russland aus. Vermutlich wollte er einer Einberufung in den 1904 ausgebrochenen Russisch-Japanischen Krieg zuvorkommen, denn gemäss seinen militärischen Papieren war er der russischen Reserve-Einheit zugeteilt.[6] Er traf im August 1904 in Basel ein und erhielt, was damals noch problemlos möglich war, eine Aufenthaltsbewilligung und Arbeit, zuerst in der Basler Chemischen Fabrik, später in verschiedenen anderen Firmen.[7] Seine Freunde und er lebten sich in Basel gut ein, obwohl sie zuerst kein Wort Deutsch sprachen; einer von ihnen, Faibisch Abramson, eröffnete 1905 an der Ochsengasse ein Uhrmachergeschäft und wurde schon 1909 in Basel eingebürgert.[8] Wulf Grunkin aber verliess die Schweiz wieder im September 1905 mit Zielangabe Wien. Die nächsten Stationen seiner Wanderung sind unbekannt, erst ab 1908 ist sein Aufenthalt in Lörrach, der badischen Kreisstadt direkt an der Schweizer Grenze, belegt.[9]

Seine Gattin war ihm mit dem kleinen Georg im Februar 1907 nach Deutschland gefolgt,[10] und die Familie liess sich definitiv in Lörrach nieder, wo sie im Jahre 1919 auch eingebürgert wurde.[11] Wulf Grunkin, der inzwischen perfekt Deutsch gelernt hatte, arbeitete als

Kaufmann bei der Eisenhandlung Rosenthal & Jacobi; er stieg zum leitenden Angestellten mit Prokura auf und blieb der Firma über 25 Jahre lang, bis zu seinem Tode, treu.[12] Schnell wuchs nun die Familie. Im Januar 1908 brachte Fanny Grunkin den zweiten Sohn Josef zur Welt, und zwar im Frauenspital Basel, in welches sie besonderes Vertrauen hatte.[13] Die spätere Hoffnung, dass Josef dadurch die Einreise in die Schweiz erleichtert würde, erwies sich leider als trügerisch. Auch die Tochter Rosa wurde im Basler Frauenspital geboren (Oktober 1910), während das jüngste Kind, Marie, im November 1913 in Lörrach zur Welt kam.

Die Grunkinkinder fühlten sich in Lörrach voll und ganz zuhause. Rosa Grunkin erinnert sich: «Obwohl wir in bescheidenen finanziellen Verhältnissen lebten, habe ich gute Erinnerungen an meine Jugendzeit. Wir Kinder waren zwar sehr verschieden und unternahmen wenig Gemeinsames, aber wir hielten zusammen – eines hätte fürs andere die Hand ins Feuer gelegt. Ich selber war ein richtiges Strassenkind. Ich war jeden Tag draussen, rannte mit den Buben herum und machte mit ihnen Schnitzeljagden bis hinauf auf den Hünerberg. Schon früh trat ich dem Turnverein Lörrach bei; ich war eine gute Turnerin, Sport und Bewegung bedeuteten mir viel.

Im Gegensatz zu mir war Marieli ein ganz ruhiges, liebes Kind, das am liebsten zuhause blieb. Sie war fein und zart und mit ihren dunkeln Haaren und graublauen Augen sehr hübsch. Schon als kleines Kind hütete sie Nachbarskinder und fuhr sie stundenlang im Kinderwagen herum.»[14] Alle, die Marie Grunkin damals kannten, bestätigen diese Erinnerung: Marieli war ein aussergewöhnlich liebenswürdiges junges Mädchen, still, freundlich und fürsorglich bemüht um die kleineren Nachbarskinder.[15]

Der Sportlichste der Familie war Josef. Er war Mitglied des Fussball-Vereins Lörrach FVL 1902, wohl der beste Spieler des Vereins und Idol der Lörracher Jugend. Bei den älteren Lörrachern ist er unvergessen: «Wir sprechen oft von ihm am Stammtisch. Der Grunkin Seppi war unser Idol. Er war sich auch nicht zu gut, mit uns kleineren Buben Fussball zu spielen. Vor allem aber: Er war ein ganz feiner, aufrechter Mensch, loyal, gerade und immer hilfsbereit.»[16] Eine grosse Sympathie für Josef Grunkin spricht aus den Worten seiner ehemaligen Kameraden, Trauer auch und Betroffenheit über das, was später geschah.

Trotz der starken Integration in das Lörracher Leben blieb die Familie Grunkin ihren jüdischen Wurzeln treu. «Wir waren nicht in besonderem Masse fromm», erzählt Rosa Grunkin, «aber die jüdischen Sitten und Gebräuche prägten unser Leben. Unsere Kontakte zu andern Mitgliedern der jüdischen Gemeinde waren zwar nicht sehr zahlreich, aber wir Kinder besuchten natürlich den Religionsunterricht bei Rabbiner Abel und lernten Hebräisch lesen und sprechen. In der Familie haben wir stets Sabbat gefeiert: Am Vorabend, kurz vor dem Eindunkeln, stellte meine Mutter die Schabbes-Leuchter auf den Tisch, legte den Berches-Zopf, den sie gebacken hatte, auf ein gesticktes Tuch, entzündete die Kerzen und betete. Sie hielt den Sabbat heilig, kochte nicht an diesem Tag, sondern bereitete die Speisen am Freitag zu und bewahrte sie in einer Wärmekiste bis zum Sabbat auf. Mein Vater ging häufig am Sabbat und immer an den Festtagen in die Synagoge. Wenn die Reihe an ihm war, in der Synagoge vorzulesen und ein Almosen zu spenden, so spendete er stets ‹einen Baum für Eretz Israel› – ob er wohl damals schon ahnte, dass wir Juden uns eine neue Heimat aufbauen mussten? An hohen Feiertagen, wie zum Beispiel Jom Kippur, nahm Mutter auch mich und meine Schwester mit in die Synagoge. Wir sassen auf der Frauenempore, und ich bewunderte meinen Vater, wenn er, in seinen Gebetsmantel gehüllt, die heiligen Texte aus der Thora las. Josef und Marieli befolgten auch später die jüdischen Gesetze treu; so wie unsere Eltern assen sie koscher, fasteten und hielten Pessach. Der erste Séderabend vor Pessach wurde in unserer Familie stets feierlich begangen. Die Eltern und wir vier Kinder sassen um den Tisch, auf welchem neben den Schabbes-Leuchtern Bitterkraut, ungesäuertes Brot, Salz, Petersilie und all die Dinge standen, die an die Befreiung des Volkes Israel aus der ägyptischen Knechtschaft erinnern. Die feierlichen hebräischen Texte aus der Haggada wurden von meinem Vater abgeschlossen durch den Segensspruch: ‹Möge Gott uns seinen Frieden geben. Amen.»[17]

Viele Jahre später wird sich Marie Grunkin im Lager Gurs voll schmerzlicher Sehnsucht an die Feierstunden im Kreise der Familie zurückerinnern: «Übermorgen ist der erste Sederabend und ich denke an unsere Sederabende mit der lieben Mama und unserem lieben seligen Papa. Was hat sich in dieser Zeit alles ereignet, was haben wir mitmachen und leiden müssen. [...] Das Heimweh macht sich sehr merkbar.»[18]

Nicht nur eine gute religiöse Erziehung gaben die Eltern Grunkin ihren Kindern mit, sondern sie achteten auch darauf – was damals noch keineswegs selbstverständlich war –, dass alle ihre Kinder eine gute Berufsausbildung erhielten. Georg, der Älteste, besuchte die Realschule bis zur Unterprimareife, absolvierte anschliessend eine kaufmännische Lehre bei der Lörracher Filiale der Firma Hermann Aretz, Riehen, und wurde Fachmann für Büro- und Betriebsorganisationen. In Basel besuchte er verschiedene Sprachkurse. 1931 siedelte er nach Freiburg i. Breisgau über.[19] Auch Josef wurde Kaufmann. Er machte seine kaufmännische Lehre in der gleichen Firma, in der sein Vater tätig war, und arbeitete dort als geschätzter Mitarbeiter weiter. Die beiden Töchter wurden Schneiderinnen. Sie absolvierten ihre Berufslehre in Basel bei Margrit Ringwald, der späteren Gattin des Riehener Kunstmalers Karl Flaig. Rosa besuchte daneben Kurse an der Basler Frauenarbeitsschule. Die Schwestern arbeiteten während der Saison in grossen Basler Modehäusern und eröffneten gemeinsam in Lörrach ein Schneiderinnenatelier.

Bis 1933 war für die Familie Grunkin die Welt in Ordnung. So verschieden die Charaktere und die Wege der Geschwister waren, so spürten sie doch, besonders die jüngeren drei, eine innige Verbundenheit – eine Verbundenheit, die in den kommenden schweren Jahren zum Tragen kam und bis zum Tode von Marie und Josef nie erschüttert wurde.

Schatten des «Dritten Reiches» – Ausgrenzung und Verfolgung

Mit Hitlers Machtergreifung veränderte sich das Leben für die Familie Grunkin, wie für alle deutschen Juden, grundlegend. Der Nationalsozialismus hatte von Anfang an keinen Zweifel daran gelassen, dass es eines seiner wichtigsten politischen Ziele war, die Juden aus Deutschland zu vertreiben. Schon im Juli 1933 erliess die nationalsozialistische Regierung das «Gesetz über den Widerruf von Einbürgerungen und die Aberkennung der deutschen Staatsbürgerschaft», welches sich vor allem gegen die nach dem Ersten Weltkrieg eingebürgerten Ostjuden richtete. Wenn die zwischen 1918 und 1933 erfolgte Einbürgerung von Ausländern «nach völkisch-nationalen Grundsätzen, also insbesondere nach rassischen, staatsbürgerlichen und kulturellen Gesichtspunkten» nicht als erwünscht anzusehen war, konnte sie widerrufen werden.[20] Da die aus Russland stammende jüdische Familie Grunkin erst 1919 eingebürgert worden war, fiel sie unter dieses Gesetz. Im Sommer 1934, wenige Monate nach Wulf Grunkins Tod, wurde ihr das deutsche Bürgerrecht abgesprochen.[21] Fanny Grunkin und ihre Kinder waren nun staatenlos.
Wulf Grunkin starb nach schwerer Krankheit im März 1934. «Er spürte, dass etwas Schreckliches auf uns alle zukam», sagt Rosa Grunkin. «Er war ein sehr sensibler, feiner Mensch. Vielleicht müssen wir dankbar sein, dass ihm all das Furchtbare erspart blieb.»[22]
Für Fanny Grunkin war die Situation sehr schlimm. Sie, die nur gebrochen Deutsch sprach und sich am wenigsten in Deutschland integriert hatte, musste nun erleben, dass die neue Heimat sie und ihre Kinder vertreiben und letztlich vernichten wollte. Mit einer winzigen Rente von weniger als 40 Reichsmark monatlich musste sie sich durchschlagen, was nur mit Hilfe der Kinder möglich war. Sie wurde verbittert und unglücklich, und ihre Gesundheit litt unter den schweren Umständen.
Die Kinder nahmen die Veränderungen nur schleichend wahr. Noch heute erinnert sich Rosa Grunkin voller Bitterkeit, wie sie nichtsah-

nend einen Anlass der Lörracher Turnerinnen besuchen wollte: «Doch unter der Türe stand ein junger, mir wohlbekannter Lörracher, in SS-Uniform und mit dem Totenkopfabzeichen am Kragen, der zu mir sagte: ‹Du darfst nicht hinein, du hast nichts mehr zu suchen bei uns!› Das war ein harter Schlag für mich, denn ich kannte alle Turnerinnen gut, war mit vielen von ihnen zur Schule gegangen und hatte voll dazugehört.»[23] Auch in ihrem Schneiderinnenatelier spürten Rosa und Marie Grunkin gegen Ende der Dreissigerjahre die Veränderung; sie verloren mehr und mehr Kundinnen. Die finanzielle Lage wurde immer prekärer. Besonders schwierig war die Situation für Georg Grunkin. Er hatte sich in Freiburg i. Br. mit einem christlichen «arischen» Mädchen verlobt und wurde deshalb aufgrund des im Rahmen der Nürnberger Gesetze erlassenen «Gesetzes zum Schutze des deutschen Blutes und der deutschen Ehre» im August 1935 in «Schutzhaft» gesetzt. Nur Josef Grunkin blieb vorläufig unbehelligt; er war noch immer der beliebte Fussballstar des Lörracher Fussballvereins und wurde von dessen Präsidenten geschützt. Auch seine Arbeitsstelle konnte er vermutlich bis 1938 behalten.[24] Die jüdische Firma Rosenthal & Jacobi war zwar 1936 «zwangsarisiert» worden; die Reichsfinanzverwaltung beschlagnahmte Grundstücke und Gebäude, das Geschäft übernahm der vorherige Filialleiter Karl Heimsch.[25] Es scheint aber, dass der neue Besitzer Josef Grunkin weiter beschäftigte, so lange es irgendwie möglich war.
Doch nach der «Kristallnacht» vom November 1938[26] veränderte sich auch Josef Grunkins Lebenssituation grundlegend. Aus den Akten und seinen Briefen geht nicht genau hervor, was vorerst mit ihm geschah. Sicher ist nur, dass er seine Arbeitsstelle verlor und seinen Beruf aufgeben musste, denn ab 1939 arbeitete er in Crailsheim bei Stuttgart, später in Riedöschingen bei Blumberg als Strassen- und Geleisebauarbeiter. Einer seiner ehemaligen Lörracher Freunde erinnert sich, dass er Josef Grunkin 1939 in Stuttgart gesehen habe: «Er erzählte mir, dass er am Bau der Autostrasse von Crailsheim nach Stuttgart arbeite.»[27] Und eine Lörracherin, deren Mann Josef Grunkins Schulkamerad gewesen war, erzählt: «Im Jahre 1939 oder 1940 hatten wir ein ganz trauriges Erlebnis. Wir sahen plötzlich Sepp Grunkin, der an der Bahnlinie gegenüber unserem Haus an der Zeppelin-

strasse als Gefangener arbeitete. Ein Aufseher war dabei. Mein Mann ging über die Strasse, um Sepp zu begrüssen, aber der winkte ab und wies nur mit den Augen auf den Aufseher. Wir nahmen an, dass Sepp Grunkin sich in Schutzhaft befand.»[28] In Lörrach wurden nach 1933 eine grosse Zahl von Menschen in «Schutzhaft» (Schutz vor angeblichem Volkszorn) genommen – Kommunisten, Sozialisten, Juden, auch Bibelforscher und «Asoziale». Über die genaue Zahl gibt es keine Unterlagen. Während einige nur kurze Zeit inhaftiert blieben, wurden andere in Arbeitslager und Konzentrationslager eingewiesen. Die Zurückgekommenen schwiegen über die erlittenen Grausamkeiten, mussten sie doch vor ihrer Entlassung unterschreiben, dass sie nichts über ihre Erlebnisse erzählen würden.[29] Ob auch Josef Grunkin sich für kürzere oder längere Zeit in «Schutzhaft» befand, lässt sich nicht belegen, es ist aber auf Grund der Zeitzeugenaussagen anzunehmen.

Immer deutlicher wurde es für alle Mitglieder der Familie Grunkin, dass es nur *eine* Möglichkeit gab, dem Unheil zu entfliehen: nämlich Deutschland zu verlassen und in ein anderes Land zu emigrieren.

Emigrationspläne –
Gewährte und verweigerte Hilfe der Schweiz

Georg Grunkin war der Erste der Familie, der Deutschland verliess. Seine Flucht erfolgte am 3. Oktober 1935. Er fuhr von Freiburg i. Br. nach Lörrach, verabschiedete sich von seinen Angehörigen und ging in Riehen über die Grüne Grenze. In Basel suchte er sofort die Israelitische Fürsorge an der Kornhausgasse 8 auf, wurde dort aufgenommen und am nächsten Tag bei der Fremdenpolizei des Kantons Basel-Stadt angemeldet.[30] In einem langen Brief an die Basler Fremdenpolizei,[31] in welchem er sein Aufnahmegesuch in die Schweiz begründet, schildert Georg Grunkin die Vorgeschichte und Umstände seiner Flucht: «Über meine Verhaftung mache ich Ihnen folgenden Bericht. Ich war mit einem christlichen Mädchen verlobt, das ich schon seit sieben Jahren kannte. Ich hatte bereits im vorigen Jahr, nachdem ich wieder in Arbeit war, Schritte zur Heirat unternommen. Ich fragte auf dem Standesamt in Freiburg nach und hatte bereits mit dem katholischen Geistlichen, in dessen Pfarrei meine Braut wohnte, Rücksprache genommen. Von dieser Seite wurden mir keine Schwierigkeiten zur Heirat gemacht, während die bürgerliche Trauung abgelehnt wurde. Alle diese Momente waren auf der geheimen Staatspolizei in Freiburg bekannt, meine ehrlichen Absichten wurden von dieser Stelle nicht anerkannt. Aus angeblichen rasseschänderischen Beziehungen zu meiner Braut wurde ich am 22. August a.c. in Schutzhaft genommen. Diese Haft unterscheidet sich in keiner Weise von der eines wirklichen gemeinen Verbrechers, ist vielmehr noch schlimmer. Ich war über drei Wochen in Einzelhaft, durfte auch die kleinsten Arbeiten nicht mitmachen, obwohl ich mich freiwillig dazu gemeldet hatte. Nach vier Wochen Haft in Freiburg wurde ich nach Kislau verbracht.[32] Bei meiner Einlieferung in das Konzentrationslager wurde mir eröffnet, dass ich das Lager nicht eher verlassen kann, bis ich den Nachweis erbringe, im Ausland ein Unterkommen gefunden zu haben. Auch wenn es ein oder zwei Jahre gedauert hätte. Am 27. September a.c., also nach über fünf Wochen, wurde ich aus der Schutzhaft entlassen. Acht Tage später wollte ich in Freiburg meinen Wohnsitz wieder aufnehmen, durfte mich jedoch polizeilich nicht anmelden. Auch bei meinen Angehörigen in Lörrach konnte ich auf Weisung der Polizei keinen Aufenthalt nehmen. Vielmehr hatte die Behörde in Freiburg Anweisung, meine Ausreise aus Deutschland bis zum 8. Oktober a.c. nach Karlsruhe zu berichten. Auf meinen Einwand hin, dass ich bereits Schritte für meine Unterbringung im Ausland unternommen hätte, was allerdings noch etwa ein viertel oder ein halbes Jahr dauern kann, wurde mir gesagt, dass ich dann solange wieder in ein Lager verbracht werde, um dann von da aus irgendwohin abgeschoben zu werden. Ich habe die Mittagspause in Freiburg benützt, bin nach Lörrach zur Benachrichtigung meiner Angehörigen gefahren. In Riehen habe ich die Schweizer Grenze überschritten und mich sofort bei der Zollbehörde gemeldet.»

Georg Grunkin hatte Glück. Obschon das Eidgenössische Justiz- und Polizeidepartement (EJPD) bereits im März 1933 die Kantone angewiesen hatte, bei der Zuwanderung von «Israeliten» grösste Zurückhaltung zu üben und mit allen ihnen zur Verfügung stehenden Mitteln einen dauernden Aufenthalt der Flüchtlinge in der Schweiz zu verhindern,[33] wurde er in der Schweiz aufgenommen. Die Basler Fremdenpolizei erteilte ihm am 9. Oktober 1935 auf Grund seines Gesuches eine Toleranzbewilligung, befristet bis zum 30. November 1935.[34]

Er hatte einen erfolgversprechenden Weg gewählt, um in die Schweiz zu kommen. Da Gesuche von Staatenlosen für eine legale Einreise in die Schweiz zu diesem Zeitpunkt oft negativ beantwortet wurden, wählte er den Weg über die Grüne Grenze. Auch meldete er sich vermutlich nicht, wie in seinem Brief erwähnt, «sofort bei der Zollbehörde», die ihn ja aufgrund der fehlenden Einreisepapiere als Staatenloser zurückgewiesen hätte, sondern suchte die Israelitische Flüchtlingshilfe auf. Die Israelitische Flüchtlingshilfe an der Kornhausgasse 8 in Basel war in jenen Jahren eine der wichtigsten Adressen für jüdische Flüchtlinge. Es gelang ihr immer wieder, für ihre Schützlinge Toleranz- oder Aufenthaltsbewilligungen zu erlangen und die Weiterreise in andere Länder zu organisieren.[35] Rosa Grunkin erinnert sich, dass der Arbeitgeber ihres Bruders in Freiburg i. Br.

sich telefonisch mit der Flüchtlingshilfe Basel in Verbindung setzte, als Georg von der Gestapo abgeholt werden sollte, und mit dieser Zeit und Ort ausmachte, wo er über die Grenze gehen sollte.[36]
Entscheidend für die Erteilung der Toleranzbewilligung war aber wohl die Tatsache, dass Georg Grunkin im erwähnten Brief ausführlich darlegte, welche Pläne er bereits für die Weiterreise ausgearbeitet hatte. Er wolle versuchen, mit andern Flüchtlingen zusammen ein neues Unternehmen in Wien oder Jugoslawien aufzubauen oder die Vertretung seiner bisherigen Freiburger Firma im Elsass zu erhalten, und er fügte bei: «Sollten die genannten drei Pläne scheitern, so käme als letztes – im Augenblick letztes – die Übersiedlung nach Palästina oder Argentinien durch Vermittlung des Flüchtlings-Komités in Frage. Zur Ausführung dieses Planes würde ich etwa ein Vierteljahr benötigen.»
Da sich verschiedene seiner Pläne zerschlugen und er die Ausreise bis zum 30. November nicht bewerkstelligen konnte, richtete Georg Grunkin in der Folge zwei Gesuche um Verlängerung der Aufenthaltsfrist an die Eidgenössische Fremdenpolizei in Bern, die beide bewilligt wurden, ja selbst eine Wegweisungsverfügung der Fremdenpolizei vom 31. Dezember 1935 wurde sistiert und eine weitere Fristerstreckung bis zum 29. Februar 1936 gewährt. Mit Hilfe der Israelitischen Flüchtlingshilfe erhielt Georg Grunkin schliesslich Auswanderungspapiere für Paraguay und konnte am 13. Februar 1936 ausreisen. Er baute sich später in Uruguay und Argentinien eine neue Existenz auf und lebte bis zu seinem Tod in den Achtzigerjahren in Südamerika.
Für die übrigen Mitglieder der Familie Grunkin erwies sich der Weg in die Freiheit als sehr viel schwieriger, zum Teil als unmöglich. Die vielen Gesuche um vorübergehende oder dauernde Aufnahme, welche sie an die Schweizer Behörden richteten, wurden mit einer einzigen Ausnahme abgewiesen. Und alle andern Emigrationspläne zerschlugen sich.
Am 15. Mai 1936 reichte Josef Grunkin beim Schweizerischen Konsulat in Mannheim ein Gesuch für ein Dauervisum (uneingeschränkte Ein- und Ausreise in die Schweiz) für seine Mutter und seine Schwestern ein. Marie und Rosa Grunkin wollten in Basel

Fachkurse an der Frauenarbeitsschule besuchen, die Mutter ihren Arzt, Dr. Emanuel Veillon in Riehen, konsultieren. Dieses Gesuch wurde von der Eidgenössischen Fremdenpolizei Bern der Kantonalen Fremdenpolizei Basel zur Behandlung übergeben.[37] Der Bund räumte den Kantonen in der Flüchtlingspolitik nämlich bedeutende Rechte ein. Der Entscheid über Einreise, Aufenthalt und Niederlassung von Ausländern war ursprünglich Teil der kantonalen Souveränität. Diese Rechte waren zwar seit dem Ersten Weltkrieg deutlich beschnitten worden und die Kantone waren in die nationale Ausländerpolitik eingebunden, sie durften aber nichterwerbstätigen Personen Aufenthalts- und Toleranzbewilligungen erteilen, die von der Eidgenössischen Fremdenpolizei in der Regel bestätigt wurden. Das letztinstanzliche Entscheidungsrecht lag freilich beim Bund.[38]

Das Kantonale Arbeitsamt, welchem das Gesuch vorgelegt wurde, beantragte dessen Ablehnung «wegen der Gefahr der Belastung des Arbeitsmarktes» durch die beiden gelernten Schneiderinnen Rosa und Marie Grunkin, und so wurde es von der Kantonalen und der Eidgenössischen Fremdenpolizei abgelehnt. Josef Grunkin rekurrierte sofort gegen diesen Entscheid, doch auch der Rekurs wurde abgewiesen, und zwar durch ein ausführliches Schreiben des Eidgenössischen Justiz und Polizeidepartements vom 6. August 1936, welches über die Schweizerische Gesandtschaft in Berlin an Josef Grunkin in Lörrach ging.

Doch die Geschwister liessen nicht locker. Am 27. August 1936 reichte Rosa Grunkin ein neues Gesuch an die Eidgenössische Fremdenpolizei ein. Sie war inzwischen in Lörrach immer mehr isoliert, konnte sich dort beruflich nicht weiterbilden und sportlich nicht mehr betätigen. Zudem hatte sie den in Riehen lebenden Lehrer Paul Schäublin, ihren späteren Gatten, kennengelernt. Als auch dieses Gesuch von Bern abgelehnt wurde, wandte sie sich am 4. November 1936 direkt an Fritz Jenny, den Chef der Kantonalen Fremdenpolizei Basel. «Der Hauptgrund gegen die Erteilung des Visums war: Schutz des schweiz. Arbeitsmarktes. Ich war aber seit über zwei Jahren nie mehr in der Schweiz in Stellung, und ich betreibe als Damenschneiderin in Lörrach ein eigenes vollbeschäftigtes Atelier. Es ist also für das Arbeitsamt kein Grund zu irgendwelchen Befürchtungen vorhanden. [...] Das zweite Gegenargument war, der Grenzverkehr entspreche nicht einer Notwendigkeit. [...] Im Frühjahr bin ich, zur weiteren selbständigen Ausübung meines Berufes, gezwungen, die Meisterprüfung abzulegen. Als Nichtarierin darf ich wohl den theoretischen, nicht aber (eine kleine Schikane) den praktischen Kursus besuchen, sodass ich mich notgedrungen in Basel weiterbilden muss. Im Falle einer Ablehnung Ihrerseits würde ich von 2 Seiten erdrückt.

Als Staatenlose bin ich hier draussen vom gesellschaftlichen Verkehr gewissermassen abgeschnitten. Es ist deshalb verständlich, wenn ich auch in kultureller Beziehung nach der benachbarten Schweiz tendiere. Seit zwei Jahren verbinden mich freundschaftliche Beziehungen zu Herrn Schäublin, Lehrer in Riehen, zwecks ev. späterer Heirat. Gerade in diesem Falle würde mich eine Ablehnung recht schmerzlich berühren.»

Auf Grund dieses Schreibens und einer persönlichen schriftlichen Erklärung von Paul Schäublin[39] befürwortete nun sowohl das kantonale Arbeitsamt als auch die Basler Fremdenpolizei die Erteilung des Dauervisums. Doch diesmal entschied Bern anders als Basel: Das EJPD, unterzeichnet von Bundesrat Johannes Baumann, teilte Rosa Grunkin am 27. November 1936 mit, «dass wir auch Ihr neues Wiedererwägungsgesuch *abweisen* müssen». Nun waren für den Moment alle Möglichkeiten ausgeschöpft, einen legalen regelmässigen Zutritt zur Schweiz zu erwirken. An eine dauernde Emigration dachte die Familie Grunkin zu diesem Zeitpunkt noch nicht.

Rosa Grunkin und Paul Schäublin fanden Mittel und Wege, sich weiter zu treffen, sei es in Lörrach, sei es über die Grüne Grenze. Im Frühjahr 1938 heirateten sie. Es war kein leichtfertig gefällter, sondern ein reiflich überlegter Entschluss für die junge Jüdin, sich mit einem christlichen Mann und seiner im evangelischen Glauben verankerten Familie zu verbinden: «Seine Familie hatte keine grosse Freude an einer jüdischen Schwiegertochter. Wie, so fragte, sie, wollte ich unsere Kinder christlich erziehen? Würde ich mich taufen lassen? Ein Gespräch mit dem damaligen Riehener Pfarrer Karl Brefin brachte Klärung; nie werde ich vergessen, wie er zu mir sagte: ‹Bleiben Sie das, was Sie sind, recht; etwas anderes können Sie nicht sein.›»[40]

Rosa Grunkin lebte nun als Schweizerin in relativer Sicherheit, aber die Sorge um ihre Angehörigen bedrückte sie schwer – eine Sorge, die sie nie losliess und die all die kommenden Jahre überschattete. Riehen liegt direkt an der Schweizergrenze zwischen Basel und Lörrach. Nur wenige Kilometer trennten Rosa von ihrer Familie, doch der Kontakt über die Grenze wurde immer schwieriger. Die Nachrichten, die sie aus Lörrach erhielt, waren beunruhigend: Josef verlor seine Arbeitsstelle und konnte sich nur noch als Geleisearbeiter und Bauarbeiter durchschlagen. Marie hatte nur noch wenig Kundschaft und entsprechend geringen Verdienst. Jüdische Gewerbetreibende wurden ab 1937 immer stärker diskriminiert; die Regierung verlangte, diese zu erfassen und in ein amtliches Register einzutragen.[41] Im entsprechenden Lörracher Register von 1938 ist neben zwölf andern jüdischen Betrieben auch Marie Grunkin aufgeführt: «Maria Grunkin (selbst. Gew.), Damenschneiderin, ohne Angestellte, Inhaberin ist Jüdin.»[42] Als die Nationalsozialisten im November 1938 die «Ausschaltung der Juden aus dem deutschen Wirtschaftsleben» verfügten, durfte sie als einziger jüdischer Gewerbebetrieb in Lörrach weiter arbeiten, aber nur noch für jüdische Kundinnen.[43] Es ist daher anzunehmen, dass viele ihrer ehemaligen – nichtjüdischen – Kundinnen nicht mehr wagten, bei ihr arbeiten zu lassen.
Nach den Ereignissen der «Kristallnacht» vom 9./10. November 1938 gab es für Rosa Grunkin keinen Zweifel mehr, dass ihre Angehörigen aufs äusserste gefährdet waren. Sie setzte, zusammen mit ihrem Gatten, alle Hebel in Bewegung, um ihre Familienangehörigen in die Schweiz holen zu können.
Paul Schäublin stellte im Dezember 1938 ein Einreisegesuch für seine Verwandten an die Kantonale Fremdenpolizei: «Mit vorliegendem Schreiben gestatte ich mir, an Sie folgendes Gesuch zu stellen: In Deutschland, d.h. in Lörrach, leben meine Schwiegermutter, Frau Fanny Grunkin-Eidensohn und ihre beiden Kinder Josef und Marie in starker Bedrängnis. Als Angehörige der semitischen Rasse wurden sie 1933 ausgebürgert.[44] Nach den neuesten Ereignissen wurde ihnen nun noch jegliches Arbeiten verboten und die Wohnung auf Neujahr gekündigt. Wenn sie nicht verhungern oder umkommen wollen, so sind sie wie viele andere gezwungen, Deutschland zu verlassen.

Nun lebt, wie sie aus dem beiliegenden Schreiben ersehen können, in Montevideo ein Bruder meiner Frau, der als Geschäftsmann sehr wohl imstande ist, seine Leute zu unterhalten. Bereits hat er von Uruguay aus die Anforderung und das Gesuch um Erteilung des Visums an das zuständige Konsulat in Hamburg geschickt.
Bis zur Erledigung mögen noch einige Wochen verstreichen. Aber die drei Personen sind gezwungen, Deutschland anfangs Januar zu verlassen. Ich stelle nun an Sie, als Chef der kant. Fremdenpolizei, das höfliche Gesuch, meinen drei Verwandten die Einreise in die Schweiz zu erlauben, damit sie die Schweiz als Transitland benützen können. Es kann sich nur um einen Aufenthalt von einigen Wochen handeln. Als Staatsangestellter, ich bin Lehrer an der Knabenprimarschule, bin ich in der Lage, für diese Zeit für den Unterhalt zu sorgen, sodass also für sonst niemanden irgendwelche Belastungen entstehen. Selbstverständlich würden sie sich jeglicher Arbeit enthalten.
Sollte es nicht möglich sein – was aber nach den vorhergegangenen Angaben kaum zu erwarten ist – für alle drei Personen das Gesuch zu bewilligen, so bitte ich Sie doch inständig, wenigstens Frau Fanny Grunkin zu berücksichtigen. Sie ist eine alte Frau, die unter den Ereignissen stark gelitten hat. Überdies erhält sie für ihren verstorbenen Mann eine Rente, die auch nach der Schweiz ausbezahlt wird. Somit wäre ihr kurzer Aufenthalt bei uns nach der finanziellen Seite gesichert.»
Dieses Gesuch wurde von der Kantonalen Fremdenpolizei sorgfältig geprüft, insbesondere was die finanziellen Verhältnisse des Gesuchstellers betrafen. Der Quartierschreiber K. erstattete Bericht: «Hr. Schäublin ist Lehrer an den hiesigen Primarschulen und versteuert ein [jährliches] Einkommen von Fr. 5'300.–; Vermögen hat er keines deklariert. [...] Hr. Schäublin erklärte sich bereit, für sämtliche Personen aufkommen zu wollen, bis zur endgültigen Auswanderung. In erste Linie würde er seine Schwiegermutter zu sich nehmen und die andern anderswo plazieren, für die er bereits eine Unterkunft in Aussicht habe. Es sei ihm möglich, für die 3 Personen eine Kaution von insgesamt Fr. 6'000.– aufbringen zu können.»[45]
Aber trotz dieses grosszügigen Angebotes blieb die Basler Fremdenpolizei hart; sie beantragte am 27. Dezember 1938 bei der Eidgenössi-

schen Fremdenpolizei die Abweisung des Einreisegesuches mit der Begründung: «Überfremdung. Die Weiterreise ist nicht gesichert. Ungenügender Existenznachweis. (Vorakten!).» Die Eidgenössische Fremdenpolizei schloss sich diesem Entscheid an, verschärfte aber noch die Lage der Gesuchsteller mit dem Zusatz, dass ihnen für die nächsten zwei Jahre die Einreise in die Schweiz «zu jedem andern Zweck als der Durchreise innert 24 Stunden» untersagt sei.

Die Geschwister konnten nun fast nur noch schriftlich miteinander verkehren. Um für einen der seltenen Besuche über die Grenze einen Tagesschein zu erlangen, brauchten Josef und Marie jetzt jedesmal eine «Sondergenehmigung». So wurden denn die weiteren Emigrationspläne schriftlich diskutiert; sie sind in verschiedenen Briefen erhalten geblieben.

Josef Grunkin schrieb seinem Schwager am 6. Januar 1939 aus Crailsheim: «Lieber Paul! Mein Marilie hat mir mitgeteilt, dass Du den Versuch unternommen hast, für uns die Einreise in die Schweiz zu ermöglichen. Dies ist natürlich nicht einfach. Ich habe mir nun überlegt, ob es vielleicht einfacher wäre, nur um die Einreise für meine Mutter und für Marilie nachzusuchen, denn ich glaube, dass eine Einreiseerlaubnis für die beiden genannten unter den vorliegenden Umständen eher erteilt würde, wenn ich *nicht* miteinreise. Wenn es Dir also nichts ausmacht, dann versuche es einmal auf diese Weise. Ich werde dann eben warten, bis sich für mich eine Möglichkeit bietet. Ich habe ja vorläufig noch Arbeit, wie lange weiss ich natürlich nicht, jedenfalls nicht mehr allzulange, aber für Mama und Marilie wäre es bitter nötig. Ich bin überzeugt, dass Ihr, vielleicht zusammen mit Nordmanns resp. mit dem Komitee nichts unversucht lassen werdet, mal vor allem meinen Angehörigen zu helfen. Du kennst ja uns und unsere Verhältnisse. Wir haben ja immer nur gearbeitet, und wenn wir dies eben nicht mehr können bezw. dürfen, von was sollen wir dann leben? Meine Mutter bezieht wohl eine kleine Rente, aber diese wird wahrscheinlich nicht nach der Schweiz transferiert werden dürfen, und in Deutschland reicht's nicht zum Leben.»[46]

Paul Schäublin machte am 11. Februar 1939 einen neuen Versuch. Er reichte bei der Basler Fremdenpolizei nun ein Gesuch nur für die

Einreise seiner Schwiegermutter ein: «Im vorliegenden Antrag erlaube ich mir, das Gesuch nur für die Mutter zu stellen. Für Tochter und Sohn versuchen wir, ohne Durchgang durch die Schweiz einen Aufenthalt ausserhalb Deutschlands zu finden. Meine Schwiegermutter ist eine alte, nun 61jährige Frau. Sie ist oftmals leidend und bedürfte auch jetzt wieder der ärztlichen Pflege. [...] Unser Wunsch ist nun, dieser alten geplagten Frau, die nicht mehr arbeitsfähig ist, einen einigermassen ruhigen Lebensabend zu verschaffen. Dass das unter den jetzigen Umständen nicht in Deutschland möglich ist, werden Sie verstehen. Sie ist aber auch nicht mehr so reisefähig, dass sie sich ohne Gefahr nach Übersee begeben könnte. Es ist deshalb die Pflicht meiner Frau, als Tochter ihre alte Mutter bei sich aufzunehmen.»

Wieder meldete der Chef der Kantonalen Fremdenpolizei schwere Bedenken an: Nun sei plötzlich von einer Weiterreise nicht mehr die Rede, und es stehe ja absolut nicht fest, ob die fragliche Rente in die Schweiz ausbezahlt würde. Und wie sollte denn die Kaution beschafft werden? Er liess die Abteilung III der Fremdenpolizei eine Erhebung durchführen. Die Auskünfte des Quartierschreibers waren wiederum positiv: «[...] In allen Fällen erklärt sich Hr. Sch. bereit, ihr ein angenehmes Dasein bieten zu wollen. Bei Erteilung einer Aufenthaltsbewilligung an die Genannte würde er das mindeste im Betrage von Fr. 2'000.– Realkaution für diese staatenlose Frau hinterlegen.» Auf Grund dieser Angaben wurde das Gesuch nach einer zermürbenden Wartefrist von drei Monaten von der Fremdenpolizei Basel befürwortet («unter der Bedingung, dass für die staatenlose Frau eine Kaution von Fr. 2'000.– gestellt wird») und von Bern gutgeheissen. Am 30. Mai 1939 erhielt Fanny Grunkin zur grossen Freude und Erleichterung ihrer Kinder von der Eidgenössischen Fremdenpolizei die Einreisebewilligung in die Schweiz.

Doch nun ergab sich eine neue Schwierigkeit: Fanny Grunkin wollte nicht in die Schweiz einreisen! Sie war zwar in diesen Tagen Grossmutter geworden; Rosa Grunkin hatte einer Tochter Rosmarie das Leben geschenkt. Marieli schrieb in ihrem Glückwunschbrief an Rosa: «Mama wird von jetzt ab nur noch Oma gerufen. Als der liebe Brief von Paul kam, hatte sie weinen müssen.»[47] Aber trotzdem wollte

Das Verlobungsbild der Eltern Fanny Eidensohn (1878–1956) und Wulf Grunkin (1874–1934), um 1903 in Witebsk/Russland. (PA Grunkin)

In den Zwanzigerjahren wohnte die Familie Grunkin im Haus Rainstrasse 22 in Lörrach. Die Aufnahme von heute zeigt das Haus in praktisch unverändertem Zustand. (Foto: Juri Junkov)

Rosa Grunkin (geboren 1910), eine begeisterte Sportlerin, beim Rudertraining, um 1935. (PA Grunkin)

Georg Grunkin (1903–1980 [?]), der in Russland geborene älteste Sohn der Familie, um 1960 in Argentinien. Von Georg sind keine Jugendbilder erhalten geblieben. (PA Grunkin)

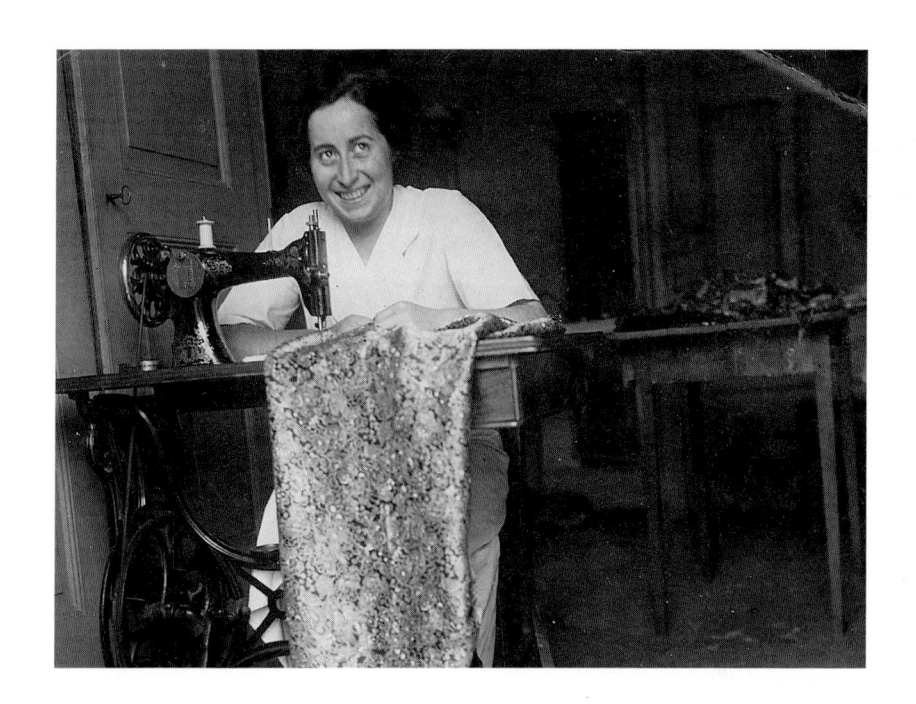

Marie Grunkin (1913–1942), die gelernte Schneiderin, bei der Arbeit in ihrem Atelier in Lörrach, um 1935. (PA Grunkin)

Josef Grunkin (1908–1945), rechts im Bild, mit seinem Jugendfreund Emil Arnold als «Festwirte» bei einem Volksfest im Jahre 1935 in Haltingen. (PA Grunkin)

Ref. Kanton 22309
Ref. Eidg. Fremdenpolizei   Basel , den 9.Oktober 1935.

Anzeige einer erteilten Aufenthalts-, Niederlassungs- oder Toleranzbewilligung

Die kantonale Fremdenpolizei Basel-Stadt ISRAELIT
(kantonale Behörde)

hat im Sinne von Art. 19, Abs. 2, bezw. Art. 26, Abs. 3 der Verordnung über die Kontrolle der Ausländer vom 29. November 1921/7. Dezember 1925/16. Oktober 1928 eine

Niederlassungs-*
Aufenthalts-*   Bewilligung, gültig bis   30.November 1935,   erteilt an:
Toleranz-*

1. Familienname: G r u n k i n   Vorname: Georg

2. Geburtsdatum: 29.Dezember 1903

   Staatsangehörigkeit: staatenlos   769799
   Bei Tolerierten, frühere Staatsangehörigkeit: Russland
4. Ledig*, verheiratet*, verwitwet*, geschieden*.
5. Ausweispapiere:
                     Fremdenpass   gültig bis: 15.Mai 1936
6. Datum der Einreise von welchem der Auf-
   enthalt in der Schweiz berechnet wird: 4.Oktober 1935
7. Bisherige Aufenthaltsorte in der Schweiz:

8. Beabsichtigter Aufenthalt in der Schweiz { Ort: Basel, 8 Kornhausgasse/Nordmann
                                            { Dauer: unbestimmt
9. Beruf: Kaufmann   Aufenthaltszweck:
   a) wenn unselbständig erwerbend, in Anstellung als:

   bei: in:
   b) wenn selbständig erwerbend, Fabrikationszweig, Art des Geschäftes:

   Eigenbetrieb* oder Teilhaberschaft*, Eröffnung eines neuen* oder Uebernahme eines bestehenden* Geschäftes.
   c) wenn ohne Erwerbstätigkeit: vorübergehende Wohnsitznahme in Basel.
10. Ehefrau, Vor- und Mädchenname:
    Geburtsdatum:
11. Kinder, im gemeinsamen Haushalt lebend, Name und Geburtsjahr:

12. Evt. Erwerbstätigkeit { der Ehefrau:
                         { der Kinder:

13. Bemerkungen: Erwerbstätigkeit in der Schweiz verboten.
                   Jüdischer Flüchtling aus Deutschland.

    Geht mit sämtlichen Akten und den Ausweispapieren an die Eidg. Fremdenpolizei in Bern.
    Beilagen:
                 Fremdenpass, unsere Akten,   Unterschrift der kant. Amtsstelle:
                 Schutzhaftbefehl.
                                                         Kontrollbureau
14. Frühere Entscheide der Eidg. Fremdenpolizei: Kantonale Fremdenpolizei
    (durch diese zu beantworten)

* Das Zutreffende ist zu unterstreichen.

162 d / 27441

Die von der Kantonalen Fremdenpolizei Basel-Stadt am 9. Oktober 1935 erteilte Toleranzbewilligung für Georg Grunkin, die es ihm erlaubte, sich bis zu seiner Emigration nach Paraguay in Basel aufzuhalten. (StABS PD-Reg 3, 22309)

Der für Staatenlose gültige «Fremdenpass» – mit J-Stempel und dem später eingesetzten Namen «Sara» – für Fanny Grunkin, ausgestellt am 6. Juni 1934 in Lörrach, nachdem ihr und ihren Kindern das deutsche Bürgerrecht, das sie seit 1919 besessen hatten, entzogen wurde. (PA Grunkin)

**Polizei-Departement
Basel-Stadt**
Kontrollbureau
Kantonale Fremdenpolizei
Telephon 24.678

.SEL, den 27.Dezember 1938.

Tit.
Eidg. Fremdenpolizei
Bern.

Ihre Nr. 773 517
unsere Nr. 24o22

Betr. G r u n k i n   Wwe.Fanny, geb. 8.6.1878,
und Sohn Joseph, geb.1908 und Tochter Marie, geb.1913,
staatenlos, alle drei wohnhaft in Lörrach.

Wir beantragen Abweisung des vorliegenden Einreisegesuches.
Gründe: Ueberfremdung. Die Weiterreise ist nicht gesichert.
Ungenügender Existenznachweis. (Vorakten!)

Der Chef der Kant.Fremdenpolizei

Beilagen:
1 Aktenstück mit Uebersetzung
unsere Akten.

Antrag der Kantonalen Fremdenpolizei Basel-Stadt an die Eidgenössische Fremdenpolizei Bern, das Einreisegesuch für Fanny, Josef und Marie Grunkin abzulehnen. (StABS PD-Reg 3, 24022)

Verweigerung der Einreise- und Aufenthaltsbewilligung

Eidg. F. P. Nr.	Kanton Nr.	Kant. Antrag oder Entscheid vom	Bern
E 773517 A.	Ba.24o22	27.12.1938	13.1.1939

Die eidgenössische Fremdenpolizei, nach Prüfung des Gesuches

G r u n k i n Fanny, geboren 8. Juni 1878, verwitwet, staatenlos, mit Töchtern Marie, geboren 1913 und Sohn Joseph, geboren 1908,

teilt folgendes mit:

Das Gesuch um Bewilligung des Aufenthalts in Basel ist

abgewiesen.

Die Einreise in die Schweiz vor dem 13. Januar 1941 zu jedem andern Zweck als der Durchreise innert 24 Stunden ohne ausdrückliche Bewilligung der eidgenössischen Fremdenpolizei in Bern ist untersagt.
Nachher gelten die allgemeinen Vorschriften über Einreise und Aufenthaltsregelung.

Begründung: Ueberfremdung.
Die Weiterreise der Genannten ist nicht gesichert.

Beilage: 2 Unterlagen.

Geht an: Eidgenössische Fremdenpolizei
Gesuchsteller Wwe. Fanny Grunkin,
Lörrach,
zuzustellen durch P. Schäublin, Riehen,
Arbeitgeber (durch Kanton)   Hohl

Siehe Rückseite

Bemerkungen:

Geht an: Eidgenössische Fremdenpolizei
Kanton Basel-Stadt, **Beilage:**
Gemeinde ...   Aktenfaszikel
Kt. Arbeitsamt ...

Nachfolgende Angaben dienen lediglich zu statistischen Zwecken der eidg. Fremdenpolizei.
Ausführliche Angaben über den Aufenthaltszweck, bzw. die berufliche Tätigkeit

Vorbereitung der Weiterreise nach Montevideo.

Sind gültige, ungültige oder keine* Ausweispapiere vorhanden ?
Dauer des nachgesuchten Aufenthaltes ?
Früher ergangene Entscheide der eidg. Fremdenpolizei
... J.St.

* Das Zutreffende ist zu unterstreichen.

Die Eidgenössische Fremdenpolizei Bern folgte dem Antrag der kantonalen Behörde und verweigerte am 13. Januar 1939 die Einreise- und Aufenthaltsbewilligung für Fanny, Josef und Marie Grunkin. (StABS PD-Reg 3, 24022)

Wulf und Fanny Grunkin ruhen auf dem neueren jüdischen Friedhof in Lörrach. Ein Gedenkstein erinnert an ihre im Konzentrationslager umgebrachten Kinder Marie und Josef. (Foto: Juri Junkov)

Der alte jüdische Friedhof am Schädelberg in Lörrach diente von 1670 bis 1891 als Begräbnisstätte. Der stille Waldfriedhof mit den in die Erde versinkenden Grabsteinen wird heute von der Stadt Lörrach unterhalten. (Foto: Neumann, StadtA Lö)

sie Deutschland nicht verlassen. Sei es, dass sie nicht ohne ihre Kinder weggehen wollte, sei es, dass die Tatsache sie zurückhielt, dass ihre Rente, wie sich bald herausstellte, nicht in die Schweiz transferiert werden konnte – sie weigerte sich, von der Einreisebewilligung Gebrauch zu machen. Recht verzweifelt schrieb Josef in einem späteren Brief: «In die Schweiz geht Mutter auch nicht, hierbleiben will sie auch nicht, mit uns gehen will sie auch nicht, allein lassen kann man sie auch nicht, aber eine andere Möglichkeit sehe ich auch nicht, aber so weitergehen kann es erst recht nicht.»[48]

Für Marie und Josef Grunkin hatte sich nun die Hoffnung, einen legalen Auswanderungsweg über die Schweiz zu finden, definitiv zerschlagen. Josef schmiedete deshalb in den nächsten Monaten die verschiedensten Emigrationspläne, die zeigen, wie verzweifelt er einen Ausweg aus Deutschland für sich und seine Angehörigen suchte.

In Deutschland entwickelte sich nach den Ereignissen der «Kristallnacht» eine heftige Fluchtbewegung unter der verbliebenen jüdischen Bevölkerung. Ungezählte Menschen versuchten, aus Deutschland auszuwandern, was sich als sehr schwierig erwies. Es war ja nicht nur die Schweiz, die jüdischen Flüchtlingen die Aufnahme verweigerte: An der Konferenz von Evian vom Sommer 1938 sprachen sich die Teilnehmerstaaten, auch die Schweiz, fast einhellig gegen die Aufnahme von Juden aus Deutschland aus. Und trotz des Entrüstungssturmes, den die Massenverhaftungen und Zerstörungen der «Kristallnacht» in der ganzen Welt ausgelöst hatten, fand sich kaum ein Staat bereit, Hilfesuchende in grosser Zahl bei sich aufzunehmen. Die meisten Staaten bewilligten nur kleine Einwandererquoten, um die sich Tausende von Flüchtlingen bewarben. Viele Auswanderungsagenturen boten ihre Dienste an, seriöse, die von jüdischen Hilfsvereinen organisiert waren, aber auch völlig unseriöse, die mit falschen Versprechungen und gefälschten Papieren den Flüchtlingen Geld abknöpften und versuchten, diese auf illegalen Wegen in andere Länder zu bringen. Hinter den letzteren stand oft die Gestapo, die bis zum Oktober 1941, dem Zeitpunkt, an dem den Juden die Auswanderung aus dem Reichsgebiet verboten wurde, mit allen Kräften versuchte, die Juden möglichst rasch aus dem Land zu vertreiben.[49]

Einer von Josef Grunkins Emigrationsplänen betraf England. Er schrieb im Juli 1939 nach Riehen, dass er eine Möglichkeit sehe, nach England zu kommen, falls ihm jemand 100 £ als Kaution zur Verfügung stellen könne. Gleichzeitig hoffe er, dass Marie und ihre Mutter nach Montevideo zu Schorsch – so nannten die Geschwister ihren Bruder Georg – gehen könnten: «Schorsch hat geschrieben, dass er die Einreise für Mama und Marilie besorgen kann, wenn man ihm das nötige Geld zur Verfügung stellen kann.» Marie fügte dem Brief bei: «Wie Du aus Schorschs Brief ersiehst, kann er jetzt [...] helfen, ich fürchte nur, es ist alles zu spät. Ich ginge selbstverständlich mit Mama lieber nach Montevideo, als dass wir alle irgendwo anders verstreut sind.»[50]

Unterdessen brach der Krieg aus, und noch immer waren die Grunkins in Deutschland blockiert. Am 12. Februar 1940 schrieb Josef nach Riehen: «Also die Sache mit Südamerika ist teuer und nicht vertrauensvoll. Dies ist jedenfalls auch Eure Meinung, denn nur so lässt sich auch das Zögern erklären. Gut wäre gewesen, wenn wir alle zusammen hätten auswandern können. Aber das geht nicht. Infolgedessen bleibt nichts anderes übrig, als eben einzeln zu gehen. Und in diesem Fall wäre ich der Erste, der gehen könnte. Nicht aus Egoismus, sondern auf Grund der eben bestehenden Möglichkeiten. Und Möglichkeiten hätte ich evtl. 2.

Die erste und auch *beste* und vielleicht auch billigere Möglichkeit wäre für mich nach USA. Ich bekam unlängst vom Konsulat in Stuttgart die Nachricht, dass ich demnächst an die Reihe käme. Die erste Voraussetzung für die Einreise nach Amerika ist aber eine Bürgschaft, d.h. die Voraussetzung, dass man dem Staat nicht zur Last fällt. Wenn man aber, wie ich, keine Bürgschaft hat, kann man auf Grund eines sog. Akkreditivs evtl. die Einreiseerlaubnis bekommen. Ein Akkreditiv ist eine Geldsumme, die auf den Namen und zur Verfügung des Einwandernden auf eine amerikanische Bank gestellt sein muss. In meinem Fall dürfte *vielleicht* die Summe von 1000.– sfr. genügen. Ausserdem muss ich Leute in USA namhaft machen, die mir ausserdem den Lebensunterhalt garantieren. Das Letztere dürfte mir jedenfalls gelingen. Das Geld muss also für einige Zeit auf einer Bank zu meiner Verfügung stehen. Es besteht jedoch die Möglichkeit, dass

von dem Geld überhaupt gar nichts gebraucht wird, also eine reine Formsache! Mama und Marilie sind mit dieser Lösung voll einverstanden, und können nach einiger Zeit vielleicht nachkommen. Das Geld bekämt Ihr wieder zurück, sobald das Akkreditiv nicht mehr benötigt wird. [...]
Die zweite Möglichkeit wäre nach Palästina, z. Zt. sind wieder Einreisemöglichkeiten vorhanden. Nötig sind 100.– $ oder deren Gegenwert in sfr. = ca. 400.–. Diese müssten in Zürich bei der «Apala»-Reisegesellschaft einbezahlt werden. Ausserdem werden RM 550.– benötigt, welche allerdings hier in Deutschland aufgebracht werden. Die ca. 400.– sfr. sind für Fahrkosten, werden also sofort aufgebraucht! Dies Geld müsste evtl. ich an Euch wieder mal zurückzahlen, wann mir dies aber möglich sein wird, weiss ich nicht. Diese Möglichkeit besteht auch für Marilie, aber vielleicht ist die Landung nicht ganz legal, sodass ich Marilie zu dieser Sache abgeraten habe.»[51]
Verschiedene andere Pläne tauchten auf, Uruguay und Paraguay wurden wieder in Erwägung gezogen, und sogar beim russischen Konsulat reichte Josef einen Antrag ein, um für sich und die Familie die russische Staatszugehörigkeit wieder zu erhalten und dorthin auswandern zu können.[52] Schliesslich schrieb Josef Grunkin im Frühjahr 1940 nach Riehen: «Momentan besteht noch als einzige Möglichkeit die, nach Venezuela zu kommen. Hierfür sind erforderlich:
1. 585 Dollar für das Visum pro Familie. Ob dies 2 oder 8 Personen sind ist egal. Von diesem Betrag werden 350 Dollar für den Ankauf einer Farm verwandt. Diese 585 $ müssen in Amsterdam auf der Inkassobank des «Palestlloyd Berlin» deponiert werden mit dem Vermerk: Für Auswanderung Familie Grunkin. Diesen Betrag müsstest *Du* aufbringen.
2. In Venezuela müsste dann ein weiterer Betrag von 200 $ pro Familie zu unserer Verfügung stehen. Als Notpfennig für die erste Zeit. Diesen Betrag müsste *Schorsch* zur Verfügung stellen.
3. Ferner wäre nötig: 210 $ für die Fahrt *pro Person* und RM 250.– für Bearbeitungsgebühren *pro Person*. Diese beiden letzten Beträge würde der Hilfsverein übernehmen.

Also Du kannst hieraus ersehen, d.h. Du weisst es bereits, die Sache ist gar nicht einfach. Vor allem 585 Dollar sind bei weitem mehr, als Du uns zur Verfügung stellen kannst. Du kannst Dich mal erkundigen, wieviel Franken 585 $ sind. Erst wenn wir diesen Betrag zur Verfügung haben, können wir die weiteren Schritte unternehmen.»[53]
Aber alle Pläne scheiterten, vor allem am mangelnden Geld. Inwieweit auch die Beschaffung der nötigen Papiere nicht möglich war, ist aus den Unterlagen nicht klar ersichtlich.

Aus den letzten Monaten vor der Deportation sind nur noch vier Briefe von Marie Grunkin erhalten geblieben – alle von der Zensur geöffnet –, in denen sie ihre verzweifelte Lage schildert. Der Kummer und die Entbehrungen hinterliessen ihre Spuren, und sowohl Josef und Marie als auch ihre Mutter wurden krank. Am 9. März 1940 schreibt Marie an ihre Schwester: «Heute Samstag ist Seppi operiert worden. Professor Iselin aus Basel hat die Operation ausgeführt und nach seinen Angaben war es garnicht so einfach, wie die hiesigen Ärzte erst angenommen haben, aber wir wollen hoffen, dass alles gut vorüber geht. Mir selbst geht es wieder etwas besser, bin aber noch garnicht auf dem Posten. Der Arzt hatte erst geglaubt es wäre Blinddarm, anscheinend aber doch nicht. Zweimal hätte auch ich in die Klinik sollen, bin aber dann doch noch so vorbei gekommen. Ganz gesund bin ich noch nicht, wollen doch meine Schmerzen kein Ende nehmen.»[54]

Aus Marie Grunkins nächstem Brief spricht ihre herbe Enttäuschung, dass aus all den Auswanderungsplänen nichts wurde, und die Ahnung, dass es für eine Hilfe zu spät ist: «Unsere liebe Rosel! Heute erhielten wir Deinen lieben Brief, über den wir uns sehr gefreut haben. Es stimmt, wir waren sehr enttäuscht, dass unsere Sache nicht zum klappen kam. Obwohl Mama in dem festen Glauben ist, dass noch alles gut wird, habe ich kein bisschen Hoffnung mehr. Wie oft standen wir schon vor dem Ziel, und dann fiel alles wieder ins Wasser. Mach aber Dir liebe Rosel keinen Vorwurf, [...] Du hast schliesslich Dein mögliches getan. Nur Schorsch hätte mit etwas mehr Willen viel für uns tun können. Du schreibst in Deinen Brief, wenn Ihr aus Eueren Schulden heraus seid, könnt Ihr mehr helfen. Wann wird das sein? Vielleicht ist es dann schon zu spät. Ich kann nicht mehr glauben, dass es wahr sein wird. Auch Seppi geht es so. Glaube nicht liebe Rosel, dass wir Dich vergessen haben, es vergeht kein Tag wo wir nicht von Dir und Rosmarie reden, auch Seppi fragt in jedem Brief, ob wir keine Nachricht von dir hätten. [...] Seppi arbeitet auswärts, kommt nur alle paar Wochen einmal heim. Gesundheitlich geht es ihm ordentlich, muss sich aber immer bestrahlen lassen. Mir geht es auch soweit wieder gut. Arbeit habe ich immer etwas, natürlich lange nicht mehr so wie früher. Mamas Zustand lässt momentan sehr zu Wünschen übrig. Auch sie ist noch das Einzige, was mich hält, für Mama nur muss ich noch da sein.»[55]

Im Laufe des Sommers 1940 wurde die Situation für Marie noch schwieriger: «Bei uns wäre sonst alles in Ordnung, wenn Mamas Gesundheitszustand etwas besser wäre. Heute sind es drei Wochen, dass sie in der Klinik liegt und es will und will nicht besser werden. Du weisst ja liebe Rosel, dass es immer schlimm war mit ihren Nerven, auch schon als wir noch beisammen waren, aber ihr heutiger Zustand ist sehr, sehr schlimm. [...] Ich selbst bin auch nicht auf dem Damm. Wir sind nämlich seit 14 Tagen umgezogen, in der Zwischenzeit bekam ich eine Infektion am Kinn, woran ich diese Woche sehr wahrscheinlich geschnitten werden muss. Ach liebe Rosel, könnten wir doch Dich und die Kleine wieder einmal sehen, unsere Sehnsucht nach Euch ist sehr gross. Weisst Du, Rosel, es war eben doch sehr viel für mich. Die ganze Last und Sorge hat auf mir gelegen. Wir sind jetzt völlig nur auf den Verdienst von Seppi angewiesen, bis ich wieder einigermassen hergestellt bin. Jetzt hilft er mir ja tüchtig und wir danken G"tt[56], dass wenigstens er wieder gesund ist und arbeiten kann, und bei mir wird es auch bald wieder werden, nur Mama macht mir grosse Sorgen. Von Schorsch erhielten wir einen Brief [...]. Arbeiten müssen sie von morgens früh bis abends spät, dass sie gerade zu leben hätten, aber an eine Einreise von uns wäre nicht zu denken.»[57]

Im letzten Brief aus Lörrach, wenige Tage vor der Deportation, keimt nochmals Hoffnung auf: «Sag mal Rosel, könnte man Mamas Einreisegenehmigung nach der Schweiz nicht wieder erneuern? Ich habe sie ja bei mir. Unser Antrag nach Russland ist im Gang, denn wir haben uns schon an das Consulat gewendet. Von Schorsch bekamen wir zu

Rosch-Haschana[58] einen Brief. Die Bürgschaft für uns ist jetzt auf 7500 Pesos gestiegen. Setze Dich doch mal wegen des Geldes mit ihm in Verbindung. Dieser Krieg wird doch hoffentlich bald eine Ende nehmen und es wäre gut, wenn unsere Sache bald in Ordnung sein wird. [...] Hoffentlich dürfen wir uns bald wieder einmal sehen. Schreibe bald und sei recht herzlich gegrüsst und geküsst von uns allen, Marieli.»[59]

Drei Jahre lang haben Josef und Marie Grunkin versucht, Deutschland auf irgendeine legale Art und Weise zu verlassen, aber keine Türe wurde ihnen geöffnet. Die Schweiz, die ihren Bruder Georg aufnahm und auch ihrer Mutter ein Aufenthaltsrecht gewähren wollte, verweigerte den beiden Geschwistern jede Hilfe. Warum Josef Grunkin nicht den Weg über die Grüne Grenze nahm wie sein Bruder Georg, wird aus den Unterlagen nicht ersichtlich. Mehrmals hatten ja auch Gestapo-Beamte die Familie aufgefordert, Deutschland auf diesem Weg zu verlassen.[60] Aber es ist wohl so, wie seine Schwester Rosa und seine ehemaligen Kameraden vermuten: Er wollte ohne Marieli nicht fliehen, und beide Geschwister wollten ihre alte Mutter nicht allein in Deutschland zurücklassen. Und so harrten sie aus in der Hoffnung auf eine Lösung – bis der bittere Tag der Deportation alle Hoffnungen zunichte machte.

Das Ende einer blühenden Gemeinde –
Die Deportation der Lörracher Juden

Am 22. Oktober 1940 brach über die Juden von Baden, dem Saarland und der Pfalz ein Unheil herein, das von langer Hand und völlig geheim vorbereitet worden war. Die NS-Gauleiter und Reichsstatthalter von Baden und Saarpfalz, Robert Wagner und Josef Bürckel, liessen an jenem Tag alle Juden, die noch in diesen Gebieten lebten, aus ihren Wohnungen holen, zusammentreiben und abtransportieren. Ausgenommen waren nur Juden, die in Mischehen lebten.

Die Aktion – sie fand an Sukkot, dem jüdischen Laubhüttenfest statt – traf die badischen Juden völlig unvorbereitet. Gestapo-Beamte und Gendarmerie führten die Verhaftungen durch. Sie gestatteten den Betroffenen eine Vorbereitungsfrist zwischen 15 Minuten und wenigen Stunden, in welchen diese ihre wichtigsten Habseligkeiten zusammenpacken konnten. Erlaubt waren 50 Kilogramm Gepäck und 100 Reichsmark pro Person. Eine Reihe von Betroffenen entzog sich der Verhaftung durch Selbstmord. Alte, kranke Menschen wurden genauso deportiert wie Familien mit Kindern und Säuglingen. Die festgenommenen Juden wurden mit Lastwagen, Omnibussen und Autos zu Sammelplätzen in grösseren Städten geführt und von dort in Sonderzügen in das unbesetzte Frankreich abgeschoben. Über 6500 Juden wurden an jenem Tag aus ihrer Heimat vertrieben und einem ungewissen, ihnen völlig unbekannten Schicksal entgegengeschickt.[61]

Auch in Lörrach trieb die Gestapo an jenem Morgen die letzten noch in der Stadt lebenden Juden zusammen, unter ihnen Marie Grunkin und ihre Mutter. Es war nur noch eine kleine Schar, die von der einst blühenden Lörracher Judengemeinde übrig geblieben war, einer Gemeinde, die an diesem Tage nach beinahe 300jähriger Geschichte zerstört wurde.

Schon seit Jahrhunderten hatten in Lörrach Juden gelebt; um 1660 waren die ersten jüdischen Einwanderer hier sesshaft geworden.[62] 1670 kaufte Nathan Ullmann von der Gemeinde ein Gelände am

Schädelberg, auf dem die erste Begräbnisstätte errichtet wurde, der sogenannte Alte Judenfriedhof. Er existiert noch heute und wird, zusammen mit dem zweiten jüdischen Friedhof an der Brombacherstrasse, von der Stadt Lörrach unterhalten. Im Laufe des 17. und 18. Jahrhunderts blieb die jüdische Gemeinde klein und arm, doch im 19. Jahrhundert erlebte sie eine eigentliche Blütezeit. 1808 wurde die Synagoge an der Teichstrasse mit grossen finanziellen Opfern der Gemeindemitglieder erbaut; es war der erste Bau im Stil des bekannten Architekten Weinbrenner in Lörrach.[63] Die Zahl der Gemeindemitglieder stieg bis zum Jahre 1875 auf 248 Personen an, um nachher auf ungefähr 200 Personen zurückzugehen.[64] Um die Jahrhundertwende lebte in Lörrach eine wohlhabende, angesehene jüdische Gemeinde, deren Mitglieder geschätzte Mitbürger waren, in Sprache und Gebräuchen voll assimiliert. Im Ersten Weltkrieg zogen die jungen Lörracher Juden mit der gleichen Begeisterung in den Krieg wie ihre christlichen Kameraden; sie zeichneten sich durch Tapferkeit und Disziplin aus und kehrten zum Teil mit hohen Auszeichnungen zurück. Acht von ihnen fanden in diesem Krieg den Tod.[65]

Doch mit dem Ausbruch des Nationalsozialismus und des «Dritten Reiches» zerbrach diese Einheit. Der schon unter der Weimarer Republik immer stärker um sich greifende Antisemitismus, der versucht hatte, die Schuld am verlorenen Krieg den Juden anzulasten, mündete nun in eine unglaubliche Judenhetze und Judenverfolgung.

Ein erster schwerer Schock für die jüdische Bevölkerung von Lörrach bedeutete der Boykott vom 1. April 1933. Wie im ganzen Lande wurden auch in Lörrach die «Volksgenossen» dazu aufgerufen, jüdische Geschäfte und Ärzte zu boykottieren: «Kauft in christlichen Geschäften! Lasst Euch von deutschen Ärzten behandeln! Kein Pfennig den Juden! [...] Wer dennoch beim Juden kauft, wird der öffentlichen Verachtung aller Deutschen anheim fallen», heisst es in einem Inserat im «Oberländer Boten», in welchem alle jüdischen Geschäfte und Ärzte von Lörrach namentlich aufgeführt werden.[66] SA und SS führten die Aktion durch; der Lörracher SA-Standartenführer ordnete an: «Von Samstag, den 1. April 1933, vormittags 10 Uhr ab stehen vor jedem jüdischen Geschäft im gesamten Standartenbereich je 2 SA-Männer als Posten, die die Bevölkerung vor dem Betreten des betreffenden jüdischen Geschäftes zu warnen haben. Die Warnung hat in sehr höflicher aber bestimmter Form zu geschehen, von jeder tätlichen Handlung ist unter allen Umständen abzusehen. [...] Sollten Parteigenossen die jüdischen Geschäfte betreten oder gar etwas dort kaufen, so sind deren Personalien festzustellen, damit der Ausschluss aus der Partei erfolgen kann.» Auch vor die Eisenhandlung Rosenthal & Jacobi, in welcher Josef Grunkin und sein Vater arbeiteten, stellte die SS zwei Mann als Posten.[67] Für Vater Wulf Grunkin war dies eines der Warnsignale, die er als Vorboten des kommenden Unheils begriff.

In den folgenden Jahren wuchs der Einfluss und die Macht der NSDAP rasch an.[68] Die Gewalt gegen Andersdenkende, die Bespitzelung durch die Gestapo, ein rasch wachsendes Denunziantentum unter der Bevölkerung und die antisemitische Hetzpropaganda in den Zeitungen bewirkten eine immer grössere Verunsicherung und Einschüchterung auch jener Lörracher, die an sich gutgesinnt und judenfreundlich eingestellt waren. Wer in jüdischen Geschäften einkaufte, wurde in Hetzblättern wie «Der Stürmer» oder «Der Alemanne» öffentlich angeprangert. So veröffentlichte zum Beispiel «Der Stürmer» im Herbst 1937 einen «Brief aus Lörrach», in welchem eine ganze Reihe Lörracher Bürger, und vor allem Bürgerinnen, namentlich aufgeführt wurden, die noch immer in jüdischen Geschäften einkauften.[69] Eine der Angeprangerten wurde daraufhin unverzüglich aus der nationalsozialistischen «Deutschen Glaubensbewegung» ausgeschlossen.[70] Auch Dr. Samuel Moses, ein überaus beliebter, menschenfreundlicher Arzt, an den sich die älteren Lörracher auch heute noch mit Hochachtung erinnern, wurde immer wieder angegriffen; seine Patienten wurden verwarnt und bedroht, falls sie sich weiterhin von ihm behandeln liessen.[71]

Selbst Menschen, die privat Gespräche mit Juden führten, wurden nun bespitzelt und denunziert. Die schon genannte Lörracherin, deren Mann ein Schulkamerad von Josef Grunkin war, erinnert sich: «Im Herbst 1937 waren mein Mann und ich, zusammen mit Bekannten, auf dem Rötteler Schloss. An einem Nebentisch sass Sepp Grunkin; mein Mann und ich setzten uns zu ihm und wir plauderten zusammen. Ein paar Monate später erhielten wir eine Vorladung der Gestapo; im Zusammenhang mit andern Anschuldigungen wurde uns in der Vernehmlassung vom 19. Juli 1938 vorgehalten, dass wir auf dem Rötteler Schloss mit dem Juden Josef Grunkin gesprochen hätten. Unsere eigenen Bekannten hatten uns offenbar bei der Gestapo denunziert.»[72]

In diesem Klima der antisemitischen Hetzpropaganda ging die Saat des Hasses und der Angst auf – niemand wagte mehr, sich für jüdische Mitbürger einzusetzen. So konnte denn die nächste grosse Aktion gegen die Juden ohne Proteste aus der Lörracher Bevölkerung durchgeführt werden. Am 9./10. November 1938 ging eine Welle der Gewalt über das ganze Land, als die Nationalsozialisten in der später sogenannten «Kristallnacht» über hundert Synagogen in Brand setzten und ungezählte jüdische Geschäfte und Häuser plünderten und zerstörten. Auch in Lörrach wurde die Synagoge am Vormittag des 9. Novembers, am helllichten Tag, durch SS und SA-Angehörige, zum Teil in Uniform, schwer beschädigt. «Unter grossem Tumult wurde ein Volksaufstand in Szene gesetzt und mit etwa dreissig bis vierzig Personen [...] der Kronleuchter zerstört, Bänke umgeworfen und von der Empore herunter geworfen, der Altar zertrümmert, Inschriften beseitigt und die steinere Gebetstafel am Eingang zur Synagoge herausgerissen.» Die Synagoge wurde in der Folge noch weiter beschädigt und im Frühjahr 1939 ganz abgerissen. Die Hauptverantwortlichen der Zerstörung wurden 1947 im sogenannten Synagogen-Prozess vor Gericht gestellt.[73] Das «Oberbadische Volksblatt» kommentierte am 11. November 1938 die Synagogenschändung unter anderem wie folgt: «In kurzer Zeit war dieser jüdische Tempel ausgeräumt und dürfte der Judengesellschaft nun nie mehr als Versammlungsort dienen. Um die Juden vor der Wut der Bevölkerung zu schützen, wurden diese in Schutzhaft genommen und am Abend abtransportiert. Hoffentlich werden wir bald für immer von diesen Hebräern befreit.»[74] In der Tat wurden viele männlichen Juden in der Zeit vom 8. bis 10. November 1938 von der Gestapo verhaftet. «Sie wurden während den Mittagsstunden von ihren Wohnungen weggeholt und nach dem Gerichts-Gefängnis in Lörrach verbracht. [...] Von dort aus wurden sie dann mit Lkw's nach Dachau überführt. Nach ca.

6–8 Wochen kamen die betr. Juden wieder nach ihren Wohnungen zurück.»[75]

Einer der wenigen authentischen Berichte über diese Geschehnisse stammt von Heinz Selinger-Beck, der sich dreissig Jahre später im amerikanischen Exil an jenen Schreckenstag erinnerte, der ihn nicht nur mit der Brutalität der Judenverfolger, sondern auch mit dem Mut eines aufrechten Lörracher Beamten konfrontierte: «Am Vormittag war schon das Gebäude der Synagoge dem Vandalismus zum Opfer gefallen. Krachend wurden die schweren Balken des Dachgeschosses in die offene Halle hinunter gestürzt. Ich war teilweise Zeuge hiervon. Wie gewöhnlich machte ich gegen 12 Uhr meine Mittagspause. Da läutete es an der Eingangstüre meiner Privatwohnung. Als ich öffnete, da sah ich mich zwei Männern gegenüber. Der eine war der Leiter des Unternehmens, der zu diesem Zweck von Karlsruhe nach Lörrach gekommen war. Der andere war sein Begleiter und Wegweiser. Als ich aufgefordert wurde, mich fertig zu machen für die von höchster Stelle der Partei angeordnete Schutzhaft aller Juden in Deutschland, da widersetzte ich mich. Ich erklärte ihm, dass ich die Schutzhaft nicht benötigte, da ich mit jedermann in Frieden lebte. Da brüllte er los und sagte, dass ich wohl nicht weiss, was in Deutschland vorgeht. Ich erwiderte ihm, dass mir das Bürgerliche Gesetzbuch und der Schutz der Lörracher Polizei vollauf genügten. Da brauchte ich nicht noch die Berliner Partei-Anordnungen dazu. Nun geriet der Mann von Karlsruhe in eine brennende Wut, die noch durch starken Hass vermehrt wurde. Er drohte mit Gewaltanwendung, und schliesslich entschloss ich mich, ihm zum Gericht oder vielmehr zum Gefängnis zu folgen. [...] Beim Überschreiten des Gefängnishofes schlug der Karlsruher plötzlich von hinten her mit Fäusten auf mich ein. Ich ermahnte ihn, das zu unterlassen, da ich mich andernfalls dagegen wehren werde. Er war nun ausser sich vor Wut und schrie: ‹Da, wo Sie hinkommen› – er wusste natürlich, dass es das Konzentrationslager Dachau war – ‹erhalten Sie soviel Schläge, dass Sie zusammen sinken und nicht mehr aufstehen.› [...]

Im Amtszimmer des Polizeibeamten, der die Abfertigung der Schutzhäftlinge vornahm, liess der Wüterich sich einen Amtsbogen geben mit dem Aufdruck des Amtsgerichts Lörrach und schrieb eine ganze

Seite als Anklage gegen mich nieder. Er überreichte das Schriftstück dem Polizeibeamten mit der Anweisung, es den Transportpapieren beizufügen. Mit einem wütenden Blick auf mich verliess er dann das Zimmer.
Der Beamte begann nun meine Personalien aufzunehmen. Plötzlich hielt er inne und las staunend das erhaltene Schriftstück durch. Dann forderte er mich auf, ihm einen genauen Bericht über die Vorgänge während der Verhaftung zu geben. Das tat ich auch genau und gewissenhaft. Es war doch alles verloren. Mein Schicksal schien besiegelt. Doch da geschah das schier Unglaubliche. Da passierte etwas, was an einem Tage wie dem 10. November 1938 für nicht möglich gehalten werden konnte. Der Beamte faltete den Bogen und – zerriss ihn und faltete ihn wieder und wieder, bis er ihn schliesslich wie Flocken durch seine Finger in den Papierkorb fallen liess. Mit leiser Stimme sagte er: ‹Nun ist es gut. Das geplante Verbrechen ist vereitelt.› Von mir fiel eine Zentnerlast. Viel Leid und Qual, wie ich es später in Dachau miterleben sollte, war mir erspart geblieben.»[76]
Ein Teil der Lörracher Bevölkerung, der sich nicht an den Brutalitäten beteiligte, sah schockiert, erschreckt, aber stumm den Ereignissen zu. Eine Zeitzeugin, die vermutlich jene Deportation nach Dachau sah, berichtet: «Eine Erinnerung werde ich nie vergessen. Ich weiss nicht mehr, in welchem Jahr dies geschah, aber es war um die Mittagszeit. Ich kam von der Post her und bemerkte, dass sich an der Ecke Grabenstrasse/Tumringerstrasse (damals Adolf Hitler-Strasse) ein offener Lastwagen ohne Verdeck befand. Es standen schon viele Leute darauf, und eben wurden weitere hinaufgestossen. Ich schaute auf und sah eine ganze Reihe mir bekannter jüdischer Gesichter, Leute, die ich aus dem elterlichen Geschäft kannte. Ich eilte weg – was hätte ich tun können? Es tat so weh – ich habe es nie vergessen.»[77]
Den Lörracher Juden war klar geworden, dass ein Weiterleben in Deutschland unmöglich war. Die letzten jüdischen Geschäfte wurden «zwangsarisiert», jüdische Kinder durften die Lörracher Schulen nicht mehr besuchen.[78] Wer immer konnte, versuchte nun, so schnell als möglich zu emigrieren. Von den 163 Juden, die im Jahre 1933 in Lörrach gelebt hatten, wanderten bis zum Herbst 1940 über hundert

aus. Für viele war der Abschied trotz allen erlittenen Unrechts nicht leicht. Eine Zeitzeugin erzählt: «Als Dr. Moses sich von meinen Eltern verabschiedete, sagte seine Frau mit Tränen in den Augen: ‹Wir sind soeben nochmals über den Hünerberg gegangen und haben Abschied genommen von unserer Heimat.›»[79]

Da die Einwohnerkartei der Stadt Lörrach kurz vor Kriegsende vernichtet wurde und im Adressbuch 1939[80] die Juden – auch jene, die damals nachweislich noch in Lörrach lebten – nicht mehr aufgeführt wurden, ist es nicht möglich, festzustellen, wer zu welchem Zeitpunkt auswanderte. In Lörrach zurück blieben die Alten, denen eine Auswanderung zu beschwerlich schien; Junge, die ihre Eltern nicht allein lassen wollten; Mittellose, denen es nicht möglich war, Kautionen oder Schiffspassagen zu bezahlen – jede jüdische Familie hat ihre Geschichte und ihr eigenes, tragisches Schicksal.

So kam der 22. Oktober 1940 heran, der Tag der Deportation. Der vom Landrat Lörrach dazu verfasste Bericht von 1946 lautet: «Am 22. 10. 1940 wurden dann sämtliche männlichen und weiblichen Juden mit ihren Kindern durch die Gestapo und politischen Verbände mit etwas Gepäck versehen in den frühen Morgenstunden aus den Wohnungen weggeholt und gesammelt.»[81] Wie überall in Baden waren sie völlig unvorbereitet und geschockt und hatten kaum Zeit, das Nötigste zusammenzupacken. Auch Marie Grunkin musste in kürzester Zeit für sich und ihre Mutter packen; Josef konnte den beiden Frauen nicht behilflich sein, denn er wurde direkt aus seinem letzten Wohnort, Riedöschingen, deportiert.[82] Wie Marie später in ihren Briefen aus Gurs schrieb, hatten sie und ihre Mutter buchstäblich nur das mitnehmen können, was sie auf dem Leibe trugen, dazu noch zwei Wolldecken. Sie bat ihre Schwester Rosa: «Du musst Dich an die Gestapo in Lörrach (Herr Finger) wenden, dass wir unbedingt etwas von unseren Sachen bekommen. Herr Finger war uns immer sehr zugetan und weiss auch, dass wir sehr wenig mitnehmen konnten.»[83]

Die Verhafteten wurden in der Alten Handelsschule beim Marktplatz gesammelt; zum Teil kamen sie zu Fuss mit ihren Bündeln und Taschen, zum Teil wurden sie von Camions herbeigebracht. Auch in Stetten wurden die Juden abgeholt, darunter die 84jährige Elise Willstätter mit ihrem Sohn Gustav. Ein Nachbar erinnert sich, wie die

alte Frau Willstätter, die kaum mehr gehen konnte, auf den vorgefahrenen Lastwagen hinaufgehoben werden musste. Ihr Sohn, der am Tage des Kriegsausbruches noch seine Auszeichnungen aus dem Ersten Weltkrieg – das Eiserne Kreuz 1. und 2. Klasse und die Badische Tapferkeitsmedaille – getragen hatte in der vergeblichen Hoffnung, damit vor der Deportation geschützt zu sein, wurde mit ihr abtransportiert.[84] Aus Grenzach wurden vier Mitglieder der Familie Bloch, die ursprünglich aus Kirchen stammten, aber schon seit 1919 in Grenzach lebten, von der Gestapo auf Lastwagen herbeigeführt.[85] Schliesslich waren 50 Personen in der Alten Handelsschule versammelt, beinahe die Hälfte davon über 60 Jahre alt. Aber auch jüngere Frauen und Männer waren dabei, und ein zehnjähriges Kind.[86]
Auf dem Marktplatz warteten, umringt von Zuschauern, drei offene Lastwagen, versehen mit Sitzgelegenheiten und mit Blachen überdeckt. In diese wurden die Menschen nun verladen. Eine Augenzeugin berichtet: «Ich war damals 19 Jahre alt und arbeitete bei der Deutschen Bank. An jenem Morgen stand ich, zusammen mit einem Arbeitskollegen, am Fenster auf der Rückseite des Hauses, von wo wir direkt auf den Marktplatz hinunter schauen konnten. Es war ein trüber Spätherbsttag, neblig und grau, relativ früh am Vormittag. Da sahen wir, wie die Juden auf die Lastwagen geladen wurden, die da unten standen. Es waren zwei oder drei Lastwagen. Das waren arme, alte Leute, zwischen 60 und 80 Jahren alt, kaum jüngere, Männer und Frauen. Sie hatten ganz wenig Gepäck bei sich, nur das, was sie tragen konnten. Sie mussten auf die Lastwagen steigen, wurden richtig hinaufgestossen. Auch Nachbarn von uns, Familie Josef von der Schützenstrasse, wurden aufgeladen. Ich hätte weinen können, als die Lastwagen abfuhren. Das hat einen schon sehr bewegt, diese armen, alten Leute – die hatten doch da ihre Heimat und mussten nun weg von allem. Aber wir durften unser Bedauern oder unser Mitleid mit den Juden nicht einmal zeigen, konnten uns nur mit den Augen ein Zeichen geben, denn wir hatten einen Obernazi im Büro.»[87]
Im Stadtarchiv Lörrach wird eine Filmrolle mit über 20 Aufnahmen aufbewahrt, welche die Deportation der Lörracher Juden auf eindrückliche und bewegende Art dokumentiert. Die Bilder der verstörten und doch gefassten Menschen mit ihren Bündeln und

Taschen, der alten Frauen und Männer, die auf den Abtransport warten, der herrischen Gesten der Uniformierten, die die Aktion leiten, prägen sich unvergesslich ein.[88]

Schliesslich fuhren die Lastwagen weg, keiner wusste wohin, vor allem die Deportierten selber nicht. Was dies für Marie Grunkin und ihre Mutter bedeutete nach all den Jahren der Not, umsomehr als sie nicht wussten, ob auch Josef von der Deportation erfasst war, können wir nur ahnen.

Im oben erwähnten Bericht des Landrats Lörrach heisst es weiter: «[Die Juden] wurden sodann mit Lkw's. nach Freiburg verbracht, von wo sie dann nach Gursk (Südfrankreich) weiter transportiert worden sein sollen. Bei den Abtransporten haben sich verhetzte Gaffer und diesbezügl. Elemente, die zum Teil Schmährufe ausstiessen, angesammelt. Steine oder sonstige Gegenstände wurden nicht nach den Transportwagen geschleudert.»[89] Es kam in Lörrach, wie in ganz Baden, zu keinerlei Protesten gegen die Deportation der Juden. Heydrich, nach Himmler der mächtigste Mann der SS, konnte voll Stolz am 29. Oktober 1940 dem Auswärtigen Amt in Berlin mitteilen: «Die Abschiebung der Juden ist in allen Orten Badens reibungslos und ohne Zwischenfälle abgewickelt worden. Der Vorgang der Aktion selbst wurde von der Bevölkerung kaum wahrgenommen.»[90] Auch nach dem Krieg wurde die Deportation der Lörracher Juden während langer Jahre totgeschwiegen; sie war eines der grossen Tabus und fand auch in den offiziellen Geschichtsbüchern keinen Niederschlag.[91]

Das gesamte Vermögen, Hab und Gut der aus Baden ausgewiesenen Juden wurde beschlagnahmt und verfiel dem Land Baden.[92] In einem Bericht über die Deportation der Juden aus Baden heisst es in unerträglichem Zynismus: «Da die Auswanderung in vielen Fällen nicht ordnungsgemäss, d.h. ohne vorherige Erfüllung der gesetzlichen Vorschriften, wie z.B. Entrichtung der Reichsfluchtsteuer, erfolgte, ist das vorhandene Vermögen inzwischen sichergestellt worden.»[93] Die Wohnungen der Deportierten wurden polizeilich versiegelt; die bewegliche Habe musste auf Anordnung der SS verkauft oder versteigert werden, um die Wohnungen möglichst schnell freizumachen. In Lörrach wurde der Besitz der Deportierten

versteigert, «der Andrang zu diesen Versteigerungen war sehr gross, da es an Verbrauchsgütern fehlte.»[94] Ganze Menschentrauben seien vor den Häusern gestanden, um sich Möbel, Geschirr, Gebrauchsgegenstände der Deportierten zu ersteigern.[95]
Auch das Eigentum von Fanny Grunkin und ihren Kindern wurde versteigert. Nach dem Kriege gelangte sie in den Besitz einer Liste, aufgestellt von jenem Treuhänder aus Lörrach, der damals ihren Besitz versteigert hatte. In diesem «Fahrnisverzeichnis Sara Grunkin»[96] sind die Gegenstände, die Steigerer und der erzielte Erlös detailliert aufgelistet, von kleinsten Dingen: «1 Vorhang RM 3.40, 1 Brotkörbchen RM 2.–, 2 Töpfe, 1 Zwiebelkasten RM 1.60», bis zu grösseren: «1 Bett RM 48.–, 1 Nähmaschine RM 51.–». Ihre gesamte Habe wurde für 620.40 Reichsmark verkauft. Es gelang Fanny Grunkin nach dem Krieg, einige wenige Gegenstände zurückzugewinnen, vor allem den Samowar, den sie aus Russland mitgebracht hatte. Anderes aber blieb verschwunden, besonders die zwei antiken Schabbes-Leuchter, deren Verlust sie schmerzte.[97]
Nicht nur versteigert wurde Hab und Gut der Deportierten, es gab auch eigentliche Plünderungen. Eine Augenzeugin erzählt: «Wir sahen aus unsern rückwärtigen Fenstern direkt in die Wohnung einer jüdischen Familie. Nach der Deportation wurde diese Wohnung geplündert. Ich glaube nicht, dass da eine Versteigerung stattfand! Das war ein Gedränge in der Wohnung, und alle Leute trugen Dinge heraus. Meine Mutter sagte: ‹Kein Löffelchen könnte ich da holen, das bringt kein Glück!›»[98]
Von alledem wussten die Deportierten nichts. Sie wurden auf den offenen Lastwagen nach Freiburg gefahren und dort in Bahnwagen verladen. In neun Transportzügen wurden am 22. und 23. Oktober 1940 aus Baden und der Pfalz 6504 Juden deportiert und in den unbesetzten Teil Frankreichs gefahren.[99] In der Folge protestierte die Vichy-Regierung heftig gegen die völkerrechtswidrige Massnahme, von der sie nicht einmal in Kenntnis gesetzt worden war, und forderte wiederholt die Rückführung der deutschen Juden. Dies lehnte zwar die nationalsozialistische Regierung entschieden ab; weitere, bereits geplante Deportationen nach Südfrankreich wurden aber in der Folge nicht mehr durchgeführt.[100]

Boykott vom 1. April 1933: Lokale SS und SA-Angehörige überwachen den Eingang des jüdischen Kaufhauses Knopf in der Basler Strasse (heute Stadtbibliothek). (Foto: Otto Gerspacher, StadtA Lö)

Die Lörracher Synagoge, welche am 9. November 1938 von SS und SA-Angehörigen schwer beschädigt wurde. Links davon die sogenannte «Judenschule». Das Bild wurde im Frühjahr 1939, kurz vor der endgültigen Demolierung der Synagoge, aufgenommen. (StadtA Lö)

liet!

Lörrach, den 30. August 1946

-Auf Ersuchen vom
August 1946-

Fragebogen des Zentral-Komitees der befreiten Juden.

Beschl.:

An die Zentral-Historische Kommission beim Zentralkommitee der befreiten Juden in der Amerikanischen Zone

München
Moehlstr. 12a

In Beantwortung Ihres Rundschreibens vom August 1946 teile ich Ihnen mit, dass sich im Landkreis Lörrach kein Konzentrations- oder Zwangsarbeitslager befand.

Zu Frage 9. des Fragebogens:

    a)   ca. 292

    b)   ca. 78

Zu Frage 10. des Fragebogens:

Die männlichen Juden wurden erstmals von Angehörigen der Gestapo und politischer Verbände in der Zeit vom 8.-10.11.1938 während den Mittagsstunden von ihren Wohnungen weggeholt und nach dem Gerichts-Gefängnis in Lörrach verbracht. Sie konnten eine bestimmte kleinen Menge an Wäsche und dergl. mitnehmen. Von dort aus wurden sie dann mit LKW's. nach Dachau verbracht. Nach ca. 6-8 Wochen kamen die betr. Juden wieder nach ihren Wohnungen zurück.
Am 22.10.1940 wurden dann sämtliche männlichen und weiblichen Juden mit ihren Kindern durch die Gestapo und politischen Verbände mit etwas Gepäck versehen in den frühen Morgenstunden aus den Wohnungen weggeholt und gesammelt. Sie wurden dann mit LKW. auch mit der Bahn nach Freiburg verbracht, von wo sie dann nach Gursk (Südfrankreich) weitertransportiert worden sein sollen.
Bei den Abtransporten haben sich verhetzte Gaffer und diesbezügl. Elemente, die zum Teil Schmährufe ausstiessen, angesammelt. Steine oder sonstige Gegenstände wurden nicht nach den Transportwagen geschleudert. xxxxxxxxxxxxxxxxxxxxxxxxxxxxxxxxxxxxxxxxxxxxxx

Zu Frage 11. des Fragebogens:

Die Juden selbst haben im allgemeinen keinen Anlass gegeben, dass die Bevölkerung bis zum Wegtransport gegen sie aufgebracht gewesen wäre. Das Verhältnis zwischen den Juden und der übrigen Bevölkerung war allgemein gesehen ein gutes. In krimineller Hinsicht gaben die Ju-

./.

den von 1933 bis 1940 keinen Anlass zum Einschreiten.

2. Zu den Akten.

Der Landrat: -Zi.55-
J.V.

Antwort des Landrats Lörrach vom 30. August 1946 auf den Fragebogen des Zentralkomitees der befreiten Juden. Darin wird das Vorgehen anlässlich der «Kristallnacht» vom 8.–10. November 1938 und der Deportation der Lörracher Juden vom 22. Oktober 1940 geschildert. (Durchschlag in: StA Freiburg, G 17/1 Landratsamt Lörrach Nr. 3667)

Der Chef der Sicherheitspolizei und des SD

IV D 4   2602 /40

Berlin SW 11, den 29. Oktober 1940
Prinz-Albrecht-Straße 8
Fernsprecher: 12 00 40

An das
Auswärtige Amt,
z.Hdn. SA-Standartenführer Gesandter L u t h e r ,
B e r l i n .

Der Führer ordnete die Abschiebung der Juden aus Baden über das Elsaß und der Juden aus der Pfalz über Lothringen an. Nach Durchführung der Aktion kann ich Ihnen mitteilen, daß aus Baden am 22. und 23.10.1940 mit 7 Transportzügen und aus der Pfalz am 22.10.1940 mit 2 Transportzügen

6.504 Juden

im Einvernehmen mit den örtlichen Dienststellen der Wehrmacht, ohne vorherige Kenntnisgabe an die französischen Behörden, in den unbesetzten Teil Frankreichs über Chalon-sur-Saône gefahren wurden.

Die Abschiebung der Juden ist in allen Orten Badens und der Pfalz reibungslos und ohne Zwischenfälle abgewickelt worden.

Der Vorgang der Aktion selbst wurde von der Bevölkerung kaum wahrgenommen.

Die Erfassung der jüdischen Vermögenswerte sowie ihre treuhänderische Verwaltung und Verwertung erfolgt durch die zuständigen Regierungspräsidenten.

In Mischehe lebende Juden wurden von den Transporten ausgenommen.

Brief des Chefs der Sicherheitspolizei und des SD, Heydrich, an das Auswärtige Amt Berlin über die «Abschiebung der Juden aus Baden» am 22. und 23. Oktober 1940. Dass diese «Aktion» in Lörrach sehr wohl wahrgenommen wurde, zeigen die folgenden Bilder. (Sauer, Dokumente, II. Teil, 2).

Die letzten in Lörrach lebenden Juden werden am Morgen des 22. Oktobers 1940 verhaftet und vor der Handelsschule am Marktplatz versammelt.

Es sind vor allem alte Männer und Frauen, die mit ihrem spärlichen Gepäck auf die wartenden Camions verladen werden.

Aufregung und Angst spiegeln sich in den Gesichtern der Verhafteten. Noch wissen sie nicht, wohin sie gebracht werden.

In drei Lastwagen werden 50 Juden aus Lörrach und Umgebung unter den Blicken der Bevölkerung abtransportiert. (Fotos: StadtA Lö)

A B S C H R I F T

Fahrnisverzeichnis Sara Grunkin

Gegenstand:	Steigerer:		Erlös:
1 Vorhang	~~------~~	RM.	3.40.
1 Bügelbrett	~~------~~	"	1.50.
1 Kaffeemühle	~~------~~	"	2.--.
2 Bilder	~~------~~	"	2.20.
1 Heizkissen	~~------~~	"	3.60.
1 Samoa (Teemaschine)	~~------~~	"	6.10.
2 Bügeleisen	~~------~~	"	2.50.
1 Uhr	~~------~~	"	2.60.
1 Lampe	~~------~~	"	1.--.
2 P. Schuhspanner, 1 Bürste	~~------~~	"	2.50.
1 Bild,1 Schale,1 Vase	~~------~~	"	1.80.
1 Marmoruhr	~~------~~	"	.--.
1 Tischchen	~~------~~	"	2.80.
div. Küchengeschirr	~~------~~	"	2.20.
1 Fleischmaschine	~~------~~	"	2.--.
1 Ofenschirm	~~------~~	"	3.70.
1 Zuglampe	~~------~~	"	2.80.
1 Schneiderinenbüste	~~------~~	"	9.--.
1 Schemel	~~------~~	"	1.50.
1 Ärmelbrett	~~------~~	"	-.90.
1 Bügelbrett	~~------~~	"	-.60.
1 Spätzlemaschine ,1 Backform	~~------~~	"	1.--.
1 Nähmaschinenlampe	~~------~~	"	1.50.
div. Küchengeschirr ,1 Zuber	~~------~~	"	3.50.
1 Brotkörbchen	~~------~~	"	2.--.
div. Küchengeschirr	~~------~~	"	2.--.
2 Töpfe, 1 Zwiebelkasten	~~------~~	"	1.60.
	~~------~~	RM	73.30.

Das Eigentum der Deportierten wurde öffentlich versteigert: Eine der Listen des versteigerten Besitzes von Fanny Grunkin, auf welcher die Gegenstände, die Namen der Steigerer (hier unkenntlich gemacht) sowie der erzielte Erlös minutiös festgehalten sind. (Abschrift, PA Grunkin)

Grossandrang bei der Versteigerung der Wohnungseinrichtung des Kaufmanns M. Weil, Grabenstrasse 15 in Lörrach, 27. Nov. 1940. (Privatbesitz)

Abschlägige Antwort des Landrats Lörrach auf Rosa Grunkins Bitte, ihr Kleider und Wäsche ihrer Angehörigen zur Weiterleitung nach Gurs herauszugeben. (PA Grunkin)

Der Landrat
Fernsprechanschluß 3141/3148
Postsch. Kto. Karlsruhe Nr. 31650

Lörrach, den 23. Januar 1941.

Jüdisches Vermögen.

Auf Ihre an die Geh. Staatspolizei Lörrach gerichtete Zuschrift vom 7. Januar 1941 teile ich Ihnen mit, dass ich nicht in der Lage bin, Kleider und Wäsche der am 22.10.40 von hier evakuierten Juden herauszugeben, da das gesamte Vermögen dieser Juden am 22.10.1940 behördlich beschlagnahmt worden ist. Ich nehme auf mein Schreiben vom 23. Dez. 1940 Bezug.

J. V.

An Frau R. Schäublin - Grunkin
R i e h e n /Schweiz
Niederholzstrasse 36

Liste
über die am 22. Oktober 1940 von Lörrach nach Gurs/Südfr. deportierten Juden.

Name:	Geb.Datum:	Strasse:
•Beck, Ludwig	2. 7.1869	Herrenstrasse 1o
Beck, geb. Heilbronner, Elise	7. 8.1883	Herrenstrasse 1o
•Beck, Walter	22. 1.1912	Herrenstrasse 1o
•Beck, Isaak	28. 1.1878	Teichstrasse 29
•Beck, Adele	31. 3.1884	Teichstrasse 29
•Beck, Samuel	2. 9.1872	Teichstrasse 29
•Bodenheimer, geb. Zwang, Friedericke	2o. 8.1856	Adolf-Hitler-Strasse 26o
•Bloch, geb. Geismar, Sophie	25. 8.1891	Schützenstrasse 12
Bloch, Paula	23. 4.1922	Schützenstrasse 12
•Bloch, Josef	23. 9.1886	Grabenstrasse 15
•Bloch, geb. Baum, Toni	23. 4.1889	Grabenstrasse 15
Bloch, Moses	19. 1.1855	Grabenstrasse 15
Bloch, geb. Rothschild, Lina	17. 1.1862	Grabenstrasse 15
•Bloch, Marta	26. 2.1891	Grabenstrasse 15
•Bloch, Karl	13. 9.1896	Basler Strasse 3
•Bloch, geb. Strauß, Pauline	8. 5.1905	Basler Strasse 3
•Bloch, Salomon	11. 4.1867	Basler Strasse 3
Bloch, geb. Kleefeld, Josefine	24. 2.1871	Basler Strasse 3
•Bloch, Berta	15. 5.1865	Adolf-Hitler-Strasse 27
•Bloch, Anna	3. 2.1898	Adolf-Hitler-Strasse 27
•Bloch, Selma	1o.12.1896	Adolf-Hitler-Strasse 27
•Fleischmann, Max	29. 6.1891	Wilhelmstrasse 22
Grunkin, geb. Eidersohn, Fanny	8. 6.1878	Schulstrasse 29
•Grunkin, Maria	5.11.1913	Schulstrasse 29
Guggenheim, geb. Jakobi, Elisabeth	4. 4.1881	Grabenstrasse 11
•Heilbronner, Emilie	23.1o.1886	Herrenstrasse 1o
Josef, geb. Faust, Frieda	3.1o.1877	Schützenstrasse 12
•Josef, Artur	24. 9.1909	Schützenstrasse 12
•Joseph, Simon	1o. 9.1875	Adolf-Hitler-Strasse 8o
•Joseph, geb. Kahn, Regina	3o.1o.1887	Adolf-Hitler-Strasse 8o
•Juliusberger, Artur	27. 7.1877	Turmstrasse 18
Juliusberger, geb. Wohl, Frieda	27. 7.1876	Turmstrasse 18
•Loeb, Bernhard	8.12.1878	Adolf-Hitler-Strasse 27
Loeb, geb. Broda, Julian	27. 9.1878	Adolf-Hitler-Strasse 27
•Loeb, Gerda	12. 8.1922	Adolf-Hitler-Strasse 27
•Loeb, Erna	4. 4.1913	Adolf-Hitler-Strasse 27
Mayer, geb. Bodenheimer, Clementine	8. 4.1885	Adolf-Hitler-Strasse 26o
Model, geb. Benzinger, Babette	1. 3.1871	Adolf-Hitler-Strasse 26o
Odenheimer, Emil	12.1o.1878	Teichstrasse 51
•Olesheimer, Jonas	21. 5.1888	Ortsstrasse 41
Riester, geb. Beck, Babette	18. 7.1866	Teichstrasse 29
Schärf, geb. Herling, Sara	1o. 4.188o	Stettengasse 5
•Schwab, Berta	2o. 9.1881	Adolf-Hitler-Strasse 26o
Weil, Karolina	28.12.1876	Schützenstrasse 12
•Weil, Judith	1. 8.1868	Turmstrasse 13
•Willstädter, Gustav	26.1o.1885	Riehenstrasse 1
•Willstädter, geb. Maier, Elise	19. 3.1856	Riehenstrasse 1
•Wertheim, Sigmund	17. 3.1899	Adolf-Hitler-Strasse 19o
Wertheim, Herbert	15.12.193o	Adolf-Hitler-Strasse 19o
Wertheim, geb. Strauß, Lina	22. 4.19o1	Adolf-Hitler-Strasse 19o

Am 5. Oktober 1960 stellte der Oberrat der Israeliten Badens dem Bürgermeisteramt Lörrach diese Liste der nach Gurs deportierten Juden zu. Josef Grunkin fehlt auf der Liste, da er direkt aus Riedöschingen, seinem letzten Wohnort, deportiert wurde. (StadtA Lö, HA 1900)

Josef und Marie Grunkin haben später in ihren Briefen nie von der Deportation und der Reise ins Ungewisse erzählt. Es gibt aber verschiedene Berichte, die von der qualvollen Fahrt in den überfüllten Zügen berichten, vom stundenlangen Warten auf Nebengeleisen ohne Wasser und Nahrung, von Angst und Ungewissheit.[101] Schliesslich, nach zwei zermürbenden Tagen und Nächten, trafen die Züge in Oloron, am Fusse der Pyrenäen ein. In strömendem Regen wurden die Deportierten auf Lastwagen geladen und in ein riesiges, baumloses, graues Barackenlager gefahren: Sie waren im Lager Gurs.

«Vor soviel Elend kann niemand unbeteiligt bleiben» – Das Camp de Gurs

Wenn man heute den dichten Wald durchschreitet, auf dessen Gelände sich vor mehr als einem halben Jahrhundert das Lager Gurs ausbreitete, so kann man sich kaum mehr vorstellen, dass hier von 1939 bis 1944 über 60'000 Menschen gefangen gehalten wurden. Nur die lange, schmale Strasse, die schnurgerade durch den Wald führt und sich in der Ferne verliert, ist vom Lager übriggeblieben. Links und rechts des Weges weisen kleine Holztafeln auf die schon lange verschwundenen Baracken hin. Und am Ende des Weges, dort, wo die Strasse den Wald wieder verlässt, kündet ein Gedenkstein vom unendlichen Leiden, das die Menschen hier «dans la misère, la souffrance et le faim» erlebten. Ein paar Schritte weiter mündet der Weg in den Lagerfriedhof: 1072 Grabstelen, Reihe hinter Reihe, füllen ihn bis in die hinterste Ecke – die meisten stammen aus den Jahren 1940 bis 1942, fast alle tragen jüdische Namen.

Das Camp de Gurs war eines jener südfranzösischen Internierungslager, die 1939 gebaut wurden, um die republikanischen Flüchtlinge, die nach dem Ende des Spanischen Bürgerkrieges über die französische Grenze strömten, aufzunehmen. In aller Eile wurde es auf einem relativ flachen Gelände von zwei Kilometern Länge und vierhundert Metern Breite errichtet, in der Nähe des kleinen Dorfes Gurs im Béarn, einem Teil des damaligen Departements Basses-Pyrénées. Dass das Gelände für den Bau eines Lagers völlig ungeeignet war, da es schweren Lehmboden aufwies, der sich bei jedem Regen in Schlamm verwandelte, wusste man von Anfang an; doch da die Behörden damit rechneten, die Flüchtlinge nur für kurze Zeit beherbergen zu müssen, begann man trotzdem mit dem Bau des Lagers. Entsprechend primitiv waren die 382 Holzbaracken, die nur als provisorische, billige Unterkunft für einige Monate dienen sollten – und dann sechs Jahre lang benützt wurden, zuerst für die republikanischen Spanienkämpfer, dann für die «indésirables»[102] und

schliesslich für die aus Deutschland deportierten oder in Frankreich von der Vichy-Regierung verhafteten Juden.[103]
Entlang der schnurgeraden, fast zwei Kilometer langen, geteerten Lagerstrasse reihten sich links und rechts Gruppen von jeweils 24 bis 30 Baracken aneinander, die zusammen ein sogenanntes Ilot bildeten. Jedes Ilot musste auf einer Fläche von 102 mal 89 Metern als «Lebensraum» für 1200 bis 1400 Menschen dienen; es war mit Stacheldraht abgesperrt und von einem Wachtposten überwacht. Dieser enge Raum durfte von den Internierten während Monaten nur in Ausnahmefällen verlassen werden. Das ganze Lager wurde wiederum von einem breiten Stacheldrahtverhau umfasst. Daran anschliessend befanden sich die Gebäude der Verwaltung und des Aufsichtspersonals sowie das Lagerspital.[104]
Auf dieser langen Lagerstrasse trafen am späten Nachmittag des 24. Oktobers 1940, und dann die ganze Nacht hindurch, die badischen Deportierten ein. Eine Gruppe um die andere schleppte sich unter dem strömenden Regen daher und wurde in die verschiedenen Ilots eingewiesen, Männer und Frauen getrennt. In den letzten Oktobertagen des Jahres 1940 wurden innert einer Woche über 10'000 Menschen in Gurs eingeliefert, über 6500 aus Baden, 3870 aus dem Lager Saint-Cyprien und etwa 500 aus andern Lagern; die allermeisten waren deutsche Juden.[105]
Marie Grunkin und ihre Mutter wurden in das Ilot M eingewiesen, in die Baracke 6. Marie war überaus froh, dass sie unter den Deportierten ihren Bruder Josef gefunden hatte. Aber das dämpfte nicht ihren Schrecken über die Unterkunft, die ihnen zugewiesen worden war – ein tieftrauriges Entsetzen spricht aus ihren ersten Briefen an ihre Schwester, gleichzeitig aber auch eine flehentliche Bitte um Hilfe. Man muss es sich vorstellen – konkret vorstellen – um ermessen zu können, unter welchen Verhältnissen sie und alle ihre Schicksalsgefährtinnen hausen mussten. Jede zeltförmige, aus Brettern gezimmerte Baracke war 24 Meter lang, an der Basis 6 Meter breit und bot «Raum» für 60 Personen, genau 2,4 Quadratmeter pro Person. Links und rechts des Mittelganges lag Stroh auf dem Bretterboden, voller Ungeziefer, oft feucht, denn die Dächer waren undicht. Der eisige Wind pfiff durch die Ritzen der Bretterwände. Es gab keinen Tisch,

keinen Stuhl, auch keine Fenster, nur Luken, die man der eisigen Kälte wegen auch tagsüber geschlossen hielt. Die Insassen kauerten deshalb den ganzen Tag über im Halbdunkeln auf ihren Strohlagern; elektrischen Strom gab es nur einige Stunden am Abend. Das Essen war völlig unzureichend, die Toiletten eine entsetzliche Anlage in einer Ecke des Ilots. Das Schlimmste aber war der Schlamm; nach jedem Regenguss – das Béarn gilt als eine der niederschlagsreichsten Gegenden Frankreichs – verwandelte sich der Boden der Ilots in knöcheltiefen Sumpf. Innerhalb der einzelnen Ilots gab es keine befestigten Wege. Bei jedem Schritt ausserhalb der Baracke versank man knöcheltief im Schlamm und hatte grösste Mühe, seine Füsse wieder aus der klebrigen Masse heraus zu ziehen. Der Gang zur Toilette wurde, besonders für alte Leute, zum Alptraum.[106]

Dass unter diesen Umständen viele Menschen krank wurden und starben, war unausweichlich. Schock, Hunger, Kälte, Verzweiflung brachen den Lebensmut vieler Deportierter, vor allem alter Menschen, und dazu kamen bereits die ersten Epidemien schwerer Durchfallerkrankungen, denen auch junge Menschen und Kinder zum Opfer fielen.[107] In erschreckendem Rhythmus stieg die Zahl der Todesfälle; im November 1940 waren es 200, im Dezember über 250. «Die alten Leute sterben hier weg wie Mücken», klagt Marie Grunkin in ihrem Brief vom 19. November. Bis zu zehnmal täglich zog ein trauriger Zug von Leidtragenden zum Friedhof hinaus, der im Nordwesten des Lagers angelegt worden war.

Von den 50 aus Lörrach deportierten Juden starben sechs noch vor Ende des Jahres, fünf weitere etwas später in Gurs oder anderswo in Frankreich.[108] Auch die alte Frau Willstätter, die schon bei der Deportation kaum mehr gehen konnte, starb im Lager. Ihr Sohn Gustav schrieb an seinen nach Buenos Aires emigrierten Bruder Max: «Sie wurde vor acht Tagen von der üblichen Lagerkrankheit erfasst, die nicht mehr zu stillen war, obwohl die Ärztin und Schwestern alles aufgeboten hatten, aber das hohe Alter und acht Tage nichts gegessen, ausserdem ist sie hier nicht stärker geworden. Ich liess ein Sargenes machen, so dass sie in allen jüdischen Ehren Abschied nehmen kann. Ich war bis zu ihrem erfolgten Tode anwesend, sie wusste nichts mehr und schlief ruhig ein; ich gönne ihr die Ruhe.»[109]

1072 Menschen starben im Lager Gurs, die meisten von ihnen waren Juden.

Das Elend der Deportierten blieb nicht verborgen. So wie Marie Grunkin flehten Tausende von Häftlingen in Briefen an ihre Verwandten um Hilfe, vor allem um Lebensmittel und warme Kleider, und schilderten die verheerenden Umstände, unter denen sie leben mussten. In den ersten Wochen, im Übergang von der Militär- zur Zivilverwaltung, wurden die Briefe noch nicht zensuriert, so dass die Zustände im Lager unverfälscht an die Öffentlichkeit drangen. Später achtete eine strenge Zensur darauf, dass nichts Negatives über das Lager geschrieben wurde; entsprechende Briefstellen wurden schwarz übermalt oder ganze Briefe beschlagnahmt.

Viele der alarmierenden Briefe erreichten das Internationale Komitee vom Roten Kreuz (IKRK) in Genf, welches am 11. November 1940 den Arzt Dr. Alec Cramer zur Abklärung der Zustände in den südfranzösischen Lagern delegierte. Marie Grunkin erzählt in ihrem Brief vom 20. November voller Hoffnung von diesem Besuch Dr. Cramers, den sie um Hilfe bat, vor allem für ihre Mutter, und der ihr empfahl, sich sofort schriftlich an das IKRK zu wenden. Alec Cramer verfasste nach der Rückkehr von seiner Mission im Dezember 1940 einen umfassenden, bewegenden Bericht über die Lager Argelès-sur-Mer, Le Vernet und Gurs.[110] Er führte aus, dass die zivilen Behörden, welche die Lager ohne Vorbereitung im November von der Militärverwaltung übernehmen mussten, sowohl personell als auch administrativ überfordert seien. Zwar hätten die Leiter und Ärzte der einzelnen Lager ihm keinerlei Hindernisse in den Weg gelegt und ihn frei mit den Internierten sprechen lassen, doch führe die Überfüllung der Lager, vor allem in Gurs, zu chaotischen Zuständen. Im Lager Gurs beanstandete Cramer vor allem den schlechten Zustand der Baracken, die kaum Stroh und Decken enthielten, und das furchtbar sumpfige Gelände. Als einzigen positiven Punkt vermerkte er die funktionierenden Duschen und Waschanlagen. Auch über die Einrichtung des Lagerspitals, das zum grossen Teil von internierten Ärzten betreut wurde, äusserte er sich lobend, beklagte aber den vollständigen Mangel an Medikamenten und Instrumenten, so dass eine medizinische Betreuung in keiner Weise sichergestellt sei. «Die

Zahl der täglichen Todesfälle ist bis zu 15–17 Personen angestiegen», schreibt Cramer weiter, «was zeigt, in welchem Masse die Verhältnisse, in denen sich diese Unglücklichen befinden, im wahrsten Sinne des Wortes unerträglich sind. [...] Vor soviel Elend kann niemand unbeteiligt bleiben. Das Ausmass des Leidens, welches sich in einem Lager wie Gurs zeigt, erfordert Mitleid und sofortige wirksame Hilfe.» Cramer schlug verschiedene Lösungsmöglichkeiten vor – eine möglichst schnelle Emigration, vor allem nach Übersee, für Tausende von Internierten oder die Beherbergung in privaten Unterkünften ausserhalb des Lagers für alle jene, die genügend Mittel hatten. «Doch das grösste Problem liegt im Schicksal der Israeliten, welche von Europa verstossen werden und für die ein Land gefunden werden muss, das bereit ist, sie aufzunehmen.» Wohl wissend, wie illusorisch diese Hoffnung war, beantragte Cramer, die Soforthilfe des IKRK und aller Hilfswerke zu verstärken und Decken, warme Kleider, Lebensmittel und Medikamente in die Lager zu schicken.

Dieser Bericht löste eine Welle von Hilfsaktionen aus. In der Schweiz überwies der Schweizerische Israelitische Gemeindebund (SIG) dem IKRK sofort Fr. 5000.– für eine erste Medikamentenspende und organisierte Geldüberweisungen von Verwandten und Bekannten an die Lagerinsassen.[111] Angesichts der gewaltigen Aufgaben, welche dem SIG durch die Betreuung aller jüdischen Flüchtlinge in der Schweiz aufgebürdet waren, konnte dieser die Hilfe für Gurs aber nicht unbeschränkt ausdehnen. So waren es denn vor allem einzelne jüdische Gemeinden wie Kreuzlingen, Basel oder Bern sowie viele Private, die grosszügige Hilfe leisteten. Von der Schweiz aus bestanden wechselnde Möglichkeiten, Pakete nach Gurs zu senden oder für Gurs zu bestellen – persönliche Pakete bis zu zwei Kilogramm einmal pro Monat, die aber jedesmal eine Ausfuhrbewilligung benötigten; die sogenannten «Colis Suisse», die über das Arbeiterhilfswerk in Zürich organisiert wurden; oder kleine Lebensmittelpäckchen von 500 Gramm, die vor allem über Portugal ausgeliefert wurden. Da die Schweizer Behörden angesichts der im Lande herrschenden Textilknappheit keine Ausfuhr von Kleidern, auch nicht von getragenen, erlaubten, richtete der SIG in Frankreich Textil- und Lebensmittellager ein, über welche die in der Schweiz bestellten Waren an die

Lagerinsassen ausgeliefert werden konnten. Ob und wie die Pakete aber bei den Adressaten ankamen, das war eine andere Frage, wie aus Marie und Josef Grunkins Briefen deutlich wird.

Jedes Paket wurde sehnlichst erwartet und freudig begrüsst, half es doch, dem nagenden Hunger und der Unterernährung ein klein wenig entgegenzusteuern. Die Ernährung in Gurs war völlig unzureichend und bestand, wie Marie Grunkin und viele andere Lagerinsassen berichteten, aus dünnem Kaffee am Morgen, Wassersuppe, in welcher einige wenige Gemüsestückchen schwammen, am Mittag und Abend sowie 350 Gramm Brot pro Tag. Diese Mangelernährung führte – neben der grossen psychischen Belastung durch den Hunger – zu Hungerödemen und einer allgemeinen Schwächung der Internierten, welche sie für Krankheiten noch anfälliger machte.[112]

Auch die Presse wurde nun auf das Lager Gurs aufmerksam. Während die französischen Zeitungen die Zustände im Lager durchwegs ignorierten, veröffentlichten einige ausländische, besonders Schweizer Zeitungen aufrüttelnde Berichte über Gurs.[113] Die «Basler Nachrichten» schrieben am 12. Februar 1941 unter dem Titel «Das Camp de Gurs etc.»: «Auf unserer Redaktion häufen sich die Briefe über die himmelschreienden Zustände im südfranzösischen Emigrantenlager von Gurs.» Der Artikel, der mit dem bekannten O., dem Zeichen des unerschrockenen Chefredaktors Albert Oeri gezeichnet ist, fährt weiter: «Wie genügend abgeholfen werden könnte und durch wen, wissen wir leider nicht. Aber da wir das Totschweigen nicht verantworten können, geben wir hier einige Briefstellen wieder.» Er zitierte unter anderem: «Die Zustände in diesen Lagern sind derart, dass, wer sie mit eigenen Augen gesehen hat, es nicht verantworten darf und auch nicht ertragen kann, ruhig weiter zu leben, ohne zu versuchen, zu helfen.» Dieser Zeitungsartikel wurde offenbar auch im Lager Gurs bekannt. Emil Odenheimer, einer der aus Lörrach deportierten Juden, schrieb am 27. Februar 1941 seiner Tochter Gretel, die er schon vor dem Krieg in einer Riehener Familie in Sicherheit gebracht hatte: «Wenn Ihr ein richtiges Bild vom Camp de Gurs haben wollt, so geht auf die Basler Nachrichten, welche kürzlich ein treffendes Bild von unserem Lager machten, wie es besser kein Vortrag machen kann. Lass Dir die Nummer geben, worin der Artikel stand, und Du hast eine bleibende Erinnerung, wo Dein Vater war!»[114]

Neben der Hilfe von aussen, die durch Pakete und Geldsendungen ins Lager kam, wurden nun auch im Innern des Lagers Hilfswerke tätig. Die Internierten selbst, besonders jüdische Ärzte, Ärztinnen und Rabbiner, gründeten eine eigene Lagerorganisation, das Comité Central d'Assistance (CCA), das die verschiedenen Hilfsaktionen innerhalb des Lagers koordinierte und auch bis zu einem gewissen Grad mit den Behörden verhandeln konnte. Verschiedene Organisationen bemühten sich in Gurs in bewundernswertem Einsatz, den Internierten Hilfe zu leisten, unter andern der Secours protestant, die amerikanischen Quäker, das jüdische Hilfswerk Œuvre de secours aux enfants (OSE) und der Secours Suisse. Dieser stand unter der Leitung der Schweizer Krankenschwester Elsbeth Kasser, welche für die Schweizerische Arbeitsgemeinschaft für kriegsgeschädigte Kinder (SAK) in Frankreich arbeitete. Elsbeth Kasser eröffnete im Dezember 1940 im Lager eine Baracke, welche Zusatzmahlzeiten für Kinder und Jugendliche und bald auch für geschwächte Erwachsene ausgab. Später legte sie mit den Jugendlichen zusammen Gemüsegärten an und organisierte kleine Feste und Schulunterricht für die Kinder. Die saubere, helle Baracke mit ihren Tischen und Bänken, wo Nahrung verteilt und Wärme und menschliche Freundlichkeit geschenkt wurden, war für viele Internierte eine «Insel des Glücks».[115] So verbesserte sich die Lage im Lager ganz geringfügig – aber der Winter 1940/41 war für die Internierten ein furchtbarer Winter, einer der kältesten zudem, den die Basses Pyrénées je erlebt hatten.

Ein grosses Problem für die Internierten im Lage Gurs war die Tatsache, dass die Familien gleich bei Ankunft getrennt und in separate Frauen- und Männerîlots eingewiesen wurden. Für Familien und Ehepaare verstärkte dies noch das Trauma der Gefangenschaft. In den einzelnen Ilots wurden täglich nur sechs, später 15 bis 25 Passierscheine ausgegeben, mit denen ein Insasse ein anderes Ilot aufsuchen durfte – dies bei 1200 Gefangenen pro Ilot.[116]

Es erstaunt deshalb, dass Josef Grunkin im ersten Brief an seine

Schwester Rosa schreibt, dass er fast jeden Tag seine Mutter und Marieli besuchen könne. Josef, in seiner besonnenen, ruhigen Art, hatte sich offenbar schnell in die Unabänderlichkeit der Deportation geschickt. Er suchte und fand Arbeit: «Ich spalte Holz und wasche Wäsche und habe tatsächlich viel Arbeit», berichtet er am 25. November 1940 seiner Schwester. Es scheint, dass er durch diese Tätigkeiten von Anfang an relativ frei im Lager zirkulieren konnte. Es war nicht seine Art, zu klagen, nur gelegentlich entschlüpfte ihm in seinen Briefen ein Ausruf des Entsetzens über die Zustände im Lager. Seine Hauptsorge galt seiner Mutter und Marieli, denen es wirklich an allem mangelte, und so bat auch er Rosa, sich um die zurückgebliebenen Sachen in Lörrach zu kümmern. Noch ahnten weder er noch seine Schwester, dass ihr Besitz in Lörrach definitiv verloren war. Erst ein Brief vom Lörracher Landrat an Rosa Grunkin vom 23. Januar 1941 brachte die Gewissheit: «Auf Ihre an die Geh. Staatspolizei Lörrach gerichtete Zuschrift vom 7. Januar 1941 teile ich Ihnen mit, dass ich nicht in der Lage bin, Kleider und Wäsche der am 22. 10. 40 von hier evakuierten Juden herauszugeben, da das gesamte Vermögen dieser Juden am 22. 10. 40 behördlich beschlagnahmt worden ist.»[117]

Josef und Marie Grunkin sorgten sich sehr um ihre alte Mutter, für welche die Verhältnisse im Lager furchtbar waren. Sie baten ihre Schwester, nichts unversucht zu lassen, um die Einreisegenehmigung für die Mutter in die Schweiz zu erneuern. Sofort nach dem Besuch von Dr. Cramer in Gurs hatte Josef an das Internationale Komitee vom Roten Kreuz in Genf geschrieben. Er erhielt am 9. Dezember vom Schweizer Konsulat in Toulouse Fragebogen für das Einreisegesuch für Fanny Grunkin und für sich selbst, vermutlich, weil er in der Schweiz geboren war.[118] Umgehend bat er das Konsulat, statt seiner die Einreise von Marieli zu bewilligen.

Rosa Grunkins Gatte richtete am 1. Januar 1941 ein neues Gesuch an die Basler Fremdenpolizei: «Durch die deutschen Behörden wurde meine Schwiegermutter, Frau Wwe. Fanny Grunkin-Edinson, von ihrem früheren Wohnsitz in Lörrach in den unbesetzten Teil Frankreichs weggeführt. Die Frau ist staatenlos und sitzt nun mit ihren 63 Jahren und stark geschwächter Gesundheit im Internierungslager von *Gurs* in den Pyrenäen. Es ist für eine Frau in diesem Alter eine wenig beneidenswerte Lage. – Auf ein Gesuch von mir hatte die Schwiegermutter im Jahre 1939 die Einreisebewilligung in die Schweiz erhalten; sie verzichtete aber damals auf die Einreise, weil ihr die deutschen Behörden die Auszahlung einer Witwenrente nach der Schweiz verweigerten. Ich erlaube mir nun, nochmals ein dringendes Gesuch an Sie zu richten, meiner Schwiegermutter die Einreise aus dem Interniertenlager in die Schweiz zu bewilligen und so die alte, arbeitsunfähige Frau aus ihrer misslichen Lage zu befreien. *Kaution und Unterhalt werden meinerseits sichergestellt.* – Im gleichen Lager befinden sich noch mein Schwager Josef Grunkin, geb. 1907 in Basel, und meine Schwägerin Marie Grunkin, geb. 1913. Um auch sie aus ihrer bösen Lage zu befreien, stelle ich für beide den Antrag zur Einreise in die Schweiz. Bei beiden würde für Kaution und Unterhalt gesorgt. Ich bitte Sie, aus Gründen der Menschlichkeit die Anträge eingehend zu prüfen. Es wäre für uns eine grosse Beruhigung, die Angehörigen in einer einigermassen menschlichen Lage zu sehen.»

Die Basler Fremdenpolizei wurde von der Eidgenössischen Behörde um ihre Stellungnahme zu diesem Gesuch gebeten und schrieb unverzüglich nach Bern: «Wir beantragen *Abweisung. Begründung: Die Weiterreise ist nicht gesichert. Wir können die Zulassung weiterer Emigranten nicht verantworten.*» In der Folge lehnte die Eidgenössische Fremdenpolizei am 23. Januar 1941 die Einreisegesuche für Fanny, Marie und Josef Grunkin ab mit der Begründung: «Die Zureise ist zurzeit nicht erwünscht. Die Weiterreise ist nicht gesichert.»

Für Josef und Marie Grunkin war dadurch die letzte Rettungsmöglichkeit verwirkt. Es fällt schwer, zu verstehen, dass die Schweizer Behörden, die sehr wohl wussten, wie gross die Gefährdung der internierten Juden war, diesen beiden jungen Menschen die Rettung verweigerten, umso mehr als sie von ihren eigenen Angehörigen aufgenommen worden wären.[119]

Paul Schäublin reichte am 20. Februar 1941 ein Wiedererwägungsgesuch für die Einreise wenigstens seiner Schwiegermutter ein. Dieses Gesuch wurde nun von der Basler Fremdenpolizei in positivem Sinne behandelt, «gestützt auf die Garantieerklärung des letzteren [Paul Schäublin] und mit Rücksicht auf den leidenden Zustand

von Frau Grunkin.» Nachdem Paul Schäublin eine Kaution von Fr. 2000.– garantiert hatte, traf am 22. März 1941 die Einreisebewilligung für Fanny Grunkin ein.
Noch fehlte aber das «visa de sortie» der französischen Behörden. Fanny Grunkin wurde am 5. April im Lager zur bevorstehenden Ausreise befragt. Sie erklärte dezidiert, dass sie nicht wünsche, nach Deutschland zurückzukehren. Auch das Reisegeld, das sie von ihrer Tochter in der Schweiz erhalten hatte, wurde genau registriert.[120] Nach einer Wartezeit überstürzten sich die Ereignisse. Am 19. April traf das «visa de sortie» ein, und schon am 20. April musste sie, versehen mit genauen Instruktionen der Lagerleitung, abreisen.[121] Wer kann nicht die Aufregung der alten Frau ermessen, die allein nach Toulouse fahren, dort auf dem Schweizer Konsulat das Schweizer Visum entgegennehmen und anderntags in die Schweiz weiterreisen musste. Karl Rosenbach, der Schwager von Georg Grunkin, der in Toulouse lebte, half ihr, sich zurechtzufinden und Geschenke für Marieli zu kaufen, die er nach Gurs weiterleitete. Erschöpft traf Fanny Grunkin am 22. April 1941 bei ihrer Tochter in Riehen ein. Ein im Jahre 1948 ausgestelltes Arztzeugnis hält fest: «Im Zeitpunkt der Ankunft in der Schweiz im Jahre 1941 war Frau Grunkin in einem Zustand völliger Unterernährung. Sie hat sich nie erholt von den Leiden der Deportation und des Lageraufenthaltes in Gurs und musste seither mehrmals für längere Zeit hospitalisiert werden.»[122]
Fanny Grunkin konnte ihrer Rettung aus dem Lager nicht froh werden. Sie war unglücklich und unruhig, wollte ihrer Tochter nicht zur Last fallen, lebte in immer wieder anderen möblierten Zimmern in Riehen und Basel. Sie wurde von der Israelitischen Flüchtlingshilfe Basel unterstützt, was für sie, aus Gründen der Selbstachtung, fast unerträglich war. So liess sie sich nach Kriegsende so schnell als möglich in Deutschland wieder einbürgern, um ihre Rente wieder erhalten zu können.[123] Nach dem Krieg fuhr sie oft hinüber nach Lörrach; eine Zeitzeugin erzählt, dass die alte Frau Grunkin immer wieder ihre ehemalige Wohnung an der Schulstrasse aufsuchte und dort ihren Seppi suchte.[124] Der Holocaust, aus dem sie gerettet worden war, hatte sie zerstört wie ihre Kinder. Die letzten Lebensjahre verbrachte Fanny Grunkin im jüdischen Altersheim La Charmille

in Riehen; sie starb am 3. November 1956 und wurde auf dem jüdischen Friedhof in Lörrach bestattet.

In Gurs war der schreckliche Winter 1940/41 endlich zu Ende gegangen. Im Sommer 1941 verbesserte sich die Lage für die Internierten ein klein wenig. Zum einen war das Lager nicht mehr so furchtbar überfüllt: Ein Teil der alten und kranken Insassen war in andere Lager verlegt worden, und viele Kinder hatten mit Hilfe der Schweizerischen Arbeitsgemeinschaft für kriegsgeschädigte Kinder (SAK) und dem Œuvre de secours aux enfants (OSE) Aufnahme in Kinderkolonien gefunden, in welchen sie sich für einige Monate erholen konnten. Zum andern halfen aber auch die regelmässigen Geld- und Lebensmittelsendungen an die begüterten Internierten, die Ernährungslage etwas zu verbessern.[125] Die Hilfsorganisation der Lagerinsassen (CCA) ernannte Leitergruppen in den einzelnen Ilots und organisierte in allen Ilots Kantinen, in denen einige wenige Lebensmittel gekauft werden konnten. Gewinne aus dem Verkauf sowie ein gewisser Prozentsatz der Geldsendungen wurden für die Hilfe an jene Internierten verwendet, die keine Hilfe von aussen erhielten. Die Lagerleitung führte nun auch einige Reparaturen durch; Abwasserkanäle wurden saniert, befestigte Wege zu den einzelnen Baracken gelegt und in einigen Baracken Vitrex-Scheiben eingesetzt. Die strikte Isolation der Ilots wurde gelockert: Vorerst konnten Familienangehörige sich täglich eine halbe Stunde lang treffen, und im Oktober 1941 fiel endlich der Stacheldraht zwischen den Ilots, und die Internierten durften sich frei auf der zentralen Lagerstrasse bewegen. Ein reges kulturelles und religiöses Leben entwickelte sich in den Ilots – Theateraufführungen, Rezitationen, Kindertheater, Konzerte, Kunstausstellungen und ergreifende Gottesdienste fanden in den Kulturbaracken der Ilots statt.[126]

Auch für Marie und Josef Grunkin war das Leben im Lager etwas leichter geworden. Marieli leitete einen Nähkurs und konnte damit ein paar Francs verdienen. Vor allem aber lernte sie einen jungen Mann aus Mannheim kennen, Franz Wrobel, der ebenfalls am 22. Oktober 1940 nach Gurs deportiert worden war.[127] Eine tiefe Freundschaft entwickelte sich zwischen den beiden jungen Menschen, in welche auch Seppi einbezogen wurde, und voll Freude konnte Marie ihren Angehörigen ihre Verlobung mitteilen.

Aber trotz diesen Verbesserungen lastete die Gefangenschaft schwer auf den Internierten. In Maries Briefen wird die Sehnsucht nach Freiheit und nach ihren Angehörigen immer drängender. Auch hatten sich die Verhältnisse ja nicht grundlegend verändert, im Gegenteil – die erbärmlichen Baracken und die ungenügende Ernährung blieben unverändert. Der Delegierte Dr. Alec Cramer, der die südfranzösischen Lager im Auftrag des IKRK im Herbst 1941 erneut besuchte, attestierte dem Lager Gurs zwar einige bauliche Verbesserungen, doch sei der Zustand der Baracken, der Liegestellen und der Toiletten noch genau so prekär wie im Vorjahr. Dazu herrsche eine furchtbare Rattenplage im Lager; die Ratten würden nicht nur die spärlichen Vorräte und Kleider der Gefangenen annagen, sondern zum Teil auch die Menschen selber. Die Unterernährung sei nach wie vor gross, in einzelnen Ilots herrsche eine eigentliche Hungersnot, und noch immer müssten die Gefangenen ihre Nahrung, auf ihre Strohsäcke hingekauert, aus alten Konservenbüchsen essen, weil kein Essgeschirr vorhanden sei. Besonders dringlich erschien Cramer der Mangel an Kleidern und Schuhen, seien doch die meisten der Internierten vor einem Jahr nur mit dem, was sie auf den Leibe trugen, deportiert worden. Der Mangel sei gross und der Winter nahe. Das ernüchternde Fazit von Cramers Bericht lautete: Seine im letzten Bericht ausgesprochene Hoffnung, man möge möglichst viele Gefangene aus den Lagern befreien und auswandern lassen, habe sich nicht erfüllt.[128]

Der zweite harte Winter hielt in Gurs Einzug. Wieder starben Hunderte von Menschen im Lager. Auch Marie Grunkin wurde schwer krank und wurde für einige Wochen ins Hôpital Central verlegt.[129] Resignation und Trauer lasteten auf den Internierten. Von Marie Grunkin ist kein einziger Brief aus jenem Winter erhalten, erst im folgenden März schreibt sie, wie traurig und trostlos diese Monate waren. Die Freude, die sie im März 1942 über die Geburt ihrer zweiten Nichte empfindet, die Freude auch, dass sie Patin des kleinen Mädchens sein darf, mischt sich mit Sehnsucht und Heimweh:

«Heimweh! Wohin? Sehnsucht nach Mama, Dir und den Kindern», schreibt sie am 31. Mai an Rosa.

Für Josef Grunkin hatte sich die Situation insofern verbessert, als er auf Grund seines guten Gesundheitszustandes im August 1941 in eine «Groupe de travailleurs étrangers» (G.T.E.) aufgenommen wurde.[130] Schon 1939, kurz nach Ausbruch des Krieges, wurden aus den in Gurs internierten Spaniern Arbeitskompanien gebildet, die überall im Land in Waffenfabriken und Kraftwerken die fehlenden Arbeitskräfte ersetzen mussten. Später wurden auch jüdische Internierte in diese Arbeitsgruppen aufgenommen. Die 182. Kompanie, der sowohl Josef Grunkin als auch Franz Wrobel zugeteilt waren, arbeitete im Lager Gurs und war für Verpflegung, Lagerhaltung und Instandstellungsarbeiten zuständig; ihre Mitglieder lebten in einem eigenen Ilot und erhielten einige Vergünstigungen. Die Zuteilung in eine Arbeitskompanie war bei den jüngeren, noch kräftigen Männern begehrt, hofften sie doch dadurch auf eine Möglichkeit, das Lager verlassen zu können. Ab 1941 rekrutierte die Vichy-Regierung immer mehr Arbeitskräfte aus den Internierungslagern, doch ab Sommer 1942 zog sie die Arbeitskompanien in Toulouse zusammen; die deutsche Organisation Todt beschaffte sich aus diesen Gruppen ihre Arbeitskräfte für den Festungsbau am Atlantik. Zu spät merkten viele Gefangene, dass sie einer Täuschung zum Opfer gefallen waren und nun in Tat und Wahrheit für die Deutschen arbeiteten.[131]

Als im Juni 1942 auch Josef Grunkin und Franz Wrobel mit ihrer Arbeitsgruppe das Lager mit unbekanntem Ziel verlassen sollten, gelang es den beiden, bei Bauern in der Nähe Privatarbeitsverträge zu erhalten; damit war es ihnen möglich, in der Nähe von Marieli zu bleiben.[132] Sie standen zwar weiterhin unter Aufsicht der Gendarmerie und konnten jederzeit wieder interniert werden, aber sie lebten doch in relativer Freiheit.

Nun war Marie Grunkin allein im Lager. Eine grosse Traurigkeit befiel sie und eine Vorahnung des Unheils, das näher kam. Josef und Franz durften sie zwar von Zeit zu Zeit im Lager aufsuchen; Franz Wrobel hatte sogar vom Lagerchef und vom Präfekten des Departements in Pau die Erlaubnis erhalten, seine Verlobte auf Grund seines untadeligen Verhaltens im Lager regelmässig zu besuchen. Doch am

20. Juli 1942 wurde ihm die Besuchserlaubnis für einen Monat entzogen, da er sich bei einem seiner Besuche nicht beim Kontrollposten am Haupteingang des Lagers gemeldet habe.[133] So war denn Marie Grunkin in den letzten schweren Tagen vor der Deportation ganz allein.

Mit den ersten Augusttagen des Jahres 1942 begann das dunkelste Kapitel in der Geschichte des Lagers Gurs: Die Deportation von 3900 Juden in sechs Transportzügen nach Drancy und von dort direkt in die Vernichtungslager von Auschwitz.

Im Rahmen der an der Wannseeekonferenz vom 20. Januar 1942 beschlossenen Koordination der «Endlösung der Judenfrage», der furchtbaren Entscheidung des Naziregimes, alle europäischen Juden zu ermorden, sollten auch die in Frankreich lebenden Juden in die Vernichtungslager im Osten deportiert werden. Eine Klausel des am 22. Juni 1940 zwischen Deutschland und Frankreich abgeschlossenen Waffenstillstandsvertrags besagte: «Die französische Regierung verpflichtet sich, alle in Frankreich sowie in französischen Besitzungen, Kolonien, Protektoratsgebieten und Mandaten befindlichen Deutschen, die von der deutschen Regierung namhaft gemacht werden, auf Verlangen auszuliefern.»[134] Anfang Juli 1942 wurde zwischen der SS und der Vichy-Regierung die Deportation der nichtfranzösischen Juden aus Frankreich beschlossen. Vorerst wurden ausschliesslich Juden aus der von den Deutschen besetzten Zone im Norden des Landes abtransportiert. Doch im August und September 1942 befanden sich unter den 42'000 Deportierten erstmals auch 11'000 Juden aus der unbesetzten Zone im Süden Frankreichs, die von der Vichy-Regierung an Deutschland ausgeliefert wurden. Hauptakteure dieser «französischen Komplizenschaft mit der SS»[135] waren Regierungschef Pierre Laval und sein Polizeichef René Bosquet. Bosquet hatte im Mai 1942 in einem Gespräch mit Heydrich vorgeschlagen, zusammen mit den Juden aus der besetzten Zone Frankreichs auch jene zu deportieren, die seit mehr als einenhalb Jahren in der unbesetzten Zone interniert seien.[136] So wurden denn die Internierungslager im unbesetzten Teil Frankreichs in die «Endlösung» miteinbezogen.

Im Lager Gurs verbreiteten sich in den letzten Julitagen des Jahres 1942 Angst und Unruhe unter den Internierten, seit die Ilot-Chefs aufgefordert worden waren, genaue Listen aller Bewohner der einzelnen Ilots anzulegen. Das Gerücht kam auf, die Juden würden von den Deutschen nach Polen deportiert. «Zwischen dem 1. und 5. August 1942 hing es wie eine schwere Gewitterwolke über dem Lager, obgleich wir gar nichts wussten.»[137]

Am 6. August fand der erste Transport statt. Am Morgen wurden in den Ilots die Namen jener Personen verlesen, die sich am gleichen Tag am Eingang des Lagers zum Abtransport versammeln mussten – es waren genau 1000 Juden. Sie hatten einige Stunden Zeit, ihr Gepäck bereit zu stellen. Gegen Abend zog eine Gruppe um die andere die Lagerstrasse entlang, ein gespenstischer Zug von Jungen und Alten, grauen, abgemagerten Gestalten, die ihre Bündel und Koffer mit sich trugen. Es herrschte völlige Stille. Die Zurückgebliebenen standen wie versteinert in ihren Ilots. In zwei grossen Hangars beim Lagereingang warteten die Verurteilten auf ihren Abtransport – unbeweglich, gebrochen, mit erloschenen Gesichtern. Im Laufe der Nacht wurden sie auf Lastwagen verladen, zum Bahnhof Oloron gebracht, in Eisenbahnwagen eingepfercht und abtransportiert.[138]

Marie Grunkin wurde mit diesem ersten Transportzug deportiert. Auf ihrer Lagerkarteikarte steht: «Parti convoi du: 6 août 1942.» Es ist das letzte Lebenszeichen, das von ihr existiert.

Josef Grunkin hörte die Unglücksnachricht drei Tage später und informierte sofort seine Schwester Rosa. Noch glaubte er, von Marieli bald Nachricht zu erhalten. Am 24. August kam die Reihe an ihn. Er wurde vom Bauernhof in Viellesegure, auf dem er arbeitete, abgeholt und am 26. August ins Lager zurückgebracht. Mit dem Transportzug vom 1. September 1942 wurde auch er aus Gurs deportiert.[139] Er hoffte, dort im Osten Marieli wieder zu finden. Die letzten Worte an seine Angehörigen lauteten: «Hoffet auf ein baldiges Wiedersehen und keine Angst!»

Das Lager Gurs im Jahre 1940. Links und rechts der Lagerstrasse reihen sich die sogenannten Ilots – Gruppen von 24 bis 30 Baracken – aneinander. Im Vordergrund das Ilot M, in welchem Marie Grunkin und ihre Mutter interniert waren. (L'Amical du camps de Gurs)

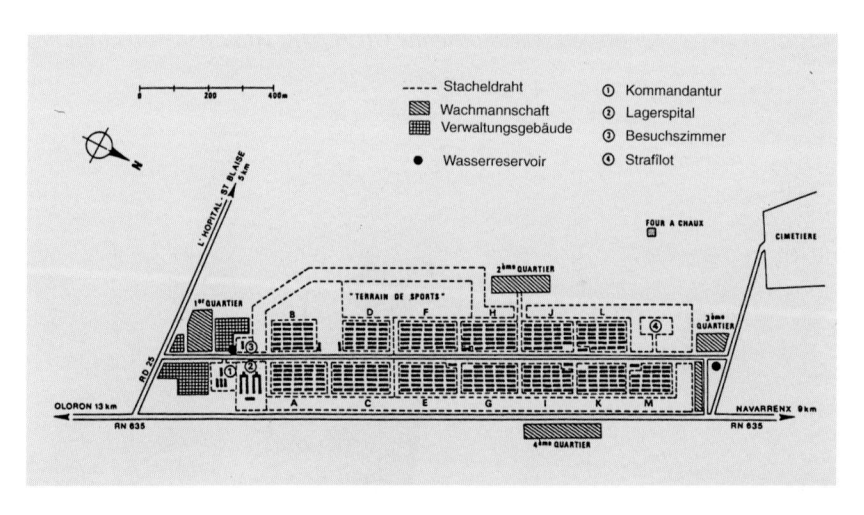

Plan des Lagers Gurs im Jahre 1939. Die Buchstaben A bis M bezeichnen die Ilots. (Laharie, Le Camp de Gurs, 39; deutsche Beschriftung der Legenden L.S.)

Unter den im Oktober 1940 aus Baden nach Gurs deportierten Juden waren viele alte Frauen. Die Aufnahmen stammen von der IKRK-Delegation, die im November 1940 das Lager besuchte und über die entsetzlichen Verhältnisse Bericht erstattete. (Photothèque CICR [DR] HIST-03393-05 und 06)

Das schlammige Gelände zwischen den Baracken trug viel zum Leiden der Internierten bei. Jede der 24 Meter langen, fensterlosen Baracken diente als «Wohnraum» für 50–60 Personen. Aufnahmen der IKRK-Delegation vom Herbst 1941. (Photothèque CICR [DR] HIST-03393-22 und 23)

Fanny Grunkin im Lager Gurs, Frühling 1941, vor ihrer Ausreise in die Schweiz. Ihren Kindern Josef und Marie war die Einreise von der Eidgenössischen Fremdenpolizei nicht bewilligt worden. (PA Grunkin)

Josef Grunkin schickte aus dem Lager diese Fotografie an seine Schwester Rosa. Sie zeigt sehr wahrscheinlich die 182. GTE (Groupe de travailleurs étrangers), welcher er seit August 1941 angehörte. (PA Grunkin)

Marie Grunkin mit ihrem Freund Franz Wrobel, den sie im Lager kennenlernte und mit dem sie sich im Sommer 1941 verlobte. Auf der Rückseite des Bildes steht in Maries Handschrift «Ilot M». (PA Grunkin)

Das letzte Bild von Josef und Marie Grunkin, kurz vor der Deportation nach Auschwitz; rechts Franz Wrobel. Die Aufnahme wurde im Juni 1942 gemacht, wenige Tage bevor Josef und Franz mit ihrer GTE das Lager verlassen mussten und Marie allein im Lager zurückblieb. (PA Grunkin)

In **Einreisebewilligung / Autorisation d'entrée**

Eidg. F. P. / Pol. féd. étr. N° E 773517 So	Kanton / Canton N°24022	Konsulat / Consulat N° ...	Bern / Berne 22. März 1941.

1. Name / Nom de famille: G r u n k i n geb. Edinson
   Vor- (Tauf-) Name / Prénom: Fanny

2. Geburtsort und -datum: 10. Juni 1878
   Lieu et date de naissance:

3. Zivilstand / État civil: verwitwet

4. Vorname und Geburtsjahr von event. Angehörigen, die mitreisen:
   Prénom et année de naissance des personnes accompagnant le requérant:

5. Wohnort (Adresse): Camp de Gurs
   Lieu de résidence (adresse):

6. Heimatstaat / Pays d'origine: staatenlos

7. Beruf / Profession:
   Gegenwärtige Tätigkeit oder Stellung:
   Occupation ou situation actuelle:

8. Zweck des beabsichtigten Aufenthaltes in der Schweiz: Wohnsitznahme beim Schwiegersohn in Basel
   Motif du séjour prévu en Suisse:

9. Ort des beabsichtigten Aufenthaltes in der Schweiz: B a s e l
   Lieu du séjour prévu en Suisse:

10. Kantonaler Entscheid: 6.3.41. Toleranzgesuch hängig.
    Décision cantonale:

11. Einreisestelle / Poste frontière d'entrée: Genf-Eaux-Vives

12. Ausreisestelle / Poste frontière de sortie: ...

Diese Einreisebewilligung fällt dahin, wenn von ihr innerhalb eines Monates seit obigem Ausstellungsdatum nicht Gebrauch gemacht wird.
Cette autorisation d'entrée cesse d'être valable si elle n'est pas utilisée dans le délai d'un mois.

Bemerkungen / Observations: Das Toleranzverhältnis ist nach erfolgter Einreise gemäss Art.18/3, Gesetz, zu regeln.
Weisung an die Grenzübergangsstelle: Die Ausreisekontrolle ist nicht nötig. Nach erfolgter Einreise ist diese Bewilligung an die eidgenössische Fremdenpolizei zurückzusenden.
Diese Verfügung ersetzt unsere Verweigerung vom 16. Januar 1941.

Geht an / Communiqué à:
Schweiz. Konsulat / Consulat Suisse: Toulouse
Kanton / Canton: Basel-Stadt
Gemeinde / Commune: Beilage: Aktenfaszikel.
Schweiz. Grenzstelle Genf Eaux-Vives.
Früher ergangene Entscheide der eidg. Fremdenpolizei v 16.1.41.

Eidgenössische Fremdenpolizei
Police fédérale des étrangers
sig. Düby

Fanny Grunkin erhielt am 22. März 1941 von der Eidgenössischen Fremdenpolizei die Bewilligung, in die Schweiz einzureisen. (StABS PD-Reg 3, 24022)

Ministerium des Innern
Generaldirektion der
Nationalen Sicherheit
Lager Gurs (Basses-Pyrénées)
Direktion Kopie
No.13357

Lager Gurs, den 19.April 1941.

Dienstnotiz.

In Ausführung der telephonischen Vorschriften des Herrn Regierungsstatthalters der Basses-Pyrénées (1. Abteilung - Fremdendienst) vom heutigen Tag.

Die beherbergte
G r u n k i n , geborene Eidensohn, Fanny,
geboren den 8.Juni 1878,

welche vom Regierungsstatthalteramt der Basses-Pyrénées das Visum No.4780 vom 16.April 1941 erhalten hat, um Frankreich zu verlassen,

ist an die französisch-schweizerische Grenze nach Annemasse zu leiten.

Sie verlässt das Lager Gurs ohne Begleitung Sonntag, den 20.April 1941.

Montag den 21.April, punkt 10 Uhr, hat sie sich beim Schweizer Konsulat, 23 Q, allées Maréchal Pétain, in Toulouse vorzustellen, um das Einreisevisum in die Schweiz zu erhalten.

Gemäss den obgenannten Vorschriften des Regierungsstatthalteramtes der Basses-Pyrénées ist sie ermächtigt, 24 Stunden in Toulouse sich aufzuhalten. Sie muss das französische Gebiet am 25.April 1941 morgens unwiderruflich verlassen haben.

Die in Frage Stehende muss sich beim Spezialpolizeikommissär, Bahnhof Annemasse (Hochsavoyen), vorstellen, um dort ihren Durchgang feststellen zu lassen. Der Herr Spezialpolizeikommissär, Bahnhof Annemasse, ist gebeten, diesen Durchgang sofort dem Lagerdirektor Gurs mitzuteilen.

Der Herr Generaldienstführende des Lagers Gurs wird der Lagerdirektion über die Wegreise der Interessierten Rechenschaft ablegen.

(Stempel) Ministerium des Innern   Lager Gurs,den 19.April 1941
Der Direktor des Auf-   Der Spezialkommissär
fanglagers Gurs   Lagerchef:
Nationale   unleserlich
Sicherheit

Adressaten:
Herrn Minister, Staatssekretär des Innern
Generaldirektion der Nationalen Sicherheit
Direktion der Territoriums-und der Fremdenpolizei,
   7.Bureau, "als Rapport"
Herrn Regierungsstatthalter der Basses-Pyrénées, 1.Abt.,
   Fremdendienst, "als Rapport"

Wenden bitte!

Herrn Spezialkommissär, Bahnhof Annemasse, "zur Information"
Herrn Hauptlagerführer, "als Ausführung des ihn betreffenden"
Herrn Generaldienstführer, "als Ausführung des ihn betreffenden"
Herrn Materialdienstchef   dito
Herrn Chef des Auskunftsbureaus   dito
Die Interessierte   dito

Übersetzung des Schreibens der Lagerdirektion Gurs mit Reisevorschriften für Fanny Grunkin, die am 20. April 1941 das Lager verlassen konnte. (Originalversion in Französisch ebenfalls in PA Grunkin)

Gedenktafel beim ehemaligen Haupteingang des Lagers. Sie erinnert an die über 60'000 Menschen, die von 1939 bis 1944 im Camp de Gurs interniert waren. (Foto: Herbert Seiler)

Auf dem Lagerfriedhof Gurs steht dieses Mahnmal zum Gedenken an die 3900 aus Gurs in die Vernichtungslager deportierten Juden und an die über 1000 im Lager verstorbenen Internierten. (Foto: Herbert Seiler)

Die Briefe der Geschwister
Josef und Marie Grunkin
aus Gurs
Oktober 1940 bis September 1942

Postkarte von Marie Grunkin an ihre Schwester Rosa vom 28. Mai 1941 mit dem vorgeschriebenen Vermerk «Ecrit en allemand» und dem Poststempel des Lagers Gurs.

Postkarte von Josef Grunkin vom 25. Juli 1941. Der Zensurstempel zeigt, dass das Lager direkt dem französischen Innenministerium und der «Sûreté Nationale» unterstellt war.

Erster Brief von Marie Grunkin

[undatiert, Ende Oktober 1940]

Liebe Rosel!
Heute sind es acht Tage, dass wir von zu Hause weg sind. Wir sind in Südfrankreich in einem Lager in der Nähe der spanischen Grenze. Wir sind leider nicht mit Seppi zusammen, da die Männer in einem besonderen Lager liegen. Mama geht es garnicht gut und ich befürchte das Schlimmste, sollte nicht bald eine Änderung eintreten. Hast Du liebe Rosel meinen Brief aus Deutschland noch erhalten und Dich gleich nach Mamas Einreisegenehmigung erkundigt? Du musst es unbedingt möglich machen, dass sie wieder erneuert wird. Ein Bekannter, «der Vater von Herr Epstein», ist in der gleichen Lage wie Mama, und die Einreise ist auch wieder erneuert worden. Seppi und ich sind munter.
Liebe Rosel, Du musst mir verschiedene Sachen schicken, da wir leider nicht viel mitnehmen konnten. Mama braucht unbedingt warme Unterwäsche. Vielleicht 2 warme Hemden, eine wollene Hose und unbedingt ein warmes Kleid. Auch mir einen Rock und Pullover. Für Mama noch eine gestrickte Jacke. Auch Lebensmittel wie Butter, Käse, Büchsenmilch, Hartwurst, Suppenwürfel und vor allen Dingen etwas Geld. Alles in einem Paket wirst Du wohl nicht schicken können, so kannst Du es vielleicht auf Deine Verwandten verteilen. Dann möchte ich Dich auch dringend bitten, Dich um Deine Erbschaft zu kümmern, da ja alles zurück geblieben ist. Setze Dich mit der Geheimenstaatspolizei in Verbindung. Mama muss unbedingt ihre Brille haben, die in der Wohnung zurückgeblieben ist, wie ja alles. Du bist Schweizerin und [musst] Dich unbedingt um die ganzen Sachen kümmern. Mama möchte, dass Du die Teemaschine mitnimmst, die Mama von Russland mitgebracht hat. Seppi schreibt von hier an das russische Consulat in Marseille. Hoffentlich klappt unsere Sache bald. Wie geht es Dir? Hoffentlich ist alles wieder in Ordnung. Es war ja sehr traurig, dass Du so viel mitmachen musstest, aber der liebe G"tt schickt uns nur so viel zu als wir tragen können.

Erkundige ganz genau auf einer Bank wie Du das Geld schicken sollst.
Sei nun recht herzlich gegrüsst und geküsst und lass recht bald von Dir hören

                    Mama und Marieli

Brief von Marie Grunkin

                    Camp de Gurs 8. Nov. 1940

Liebe Rosel!
Dies ist der dritte Brief, den wir Dir schon geschrieben haben, ob sie Dich erreicht haben ist fraglich. Du wirst über all die Ereignisse der letzten Zeit unterrichtet sein. Wir sind leider von diesem Schicksal erreicht worden. Wir denken oft an den Brief, wo Du geschrieben hast, Du wärest froh uns in der Nähe zu wissen. Nun sind wir aber weiter weg gekommen als wir gedacht haben.
Wir sind in einem Barackenlager in Südfrankreich, liegen auf Stroh und bekommen 2 mal am Tage eine Wassersuppe mit trockenem Brot. Ich kann Dir leider diese Zustände von hier nicht schildern, denn die sind geradezu verheerend. Du kannst es Dir nicht denken, wie es hier zugeht, es sind grauenhafte Zustände. Alles was wir besassen ist zurück geblieben. Wir haben nichts zum anziehen weder noch zu essen. Gestern bekamen wir die Auflage, wenn wir aus dem Ausland jeden Monat etwas Geld bekommen könnten, können wir aus dieser Gefangenschaft heraus kommen. Wir rechnen im Monat mit 75 Schweizerfr.
Liebe Rose, dieses Mal flehe ich Dich an, helfe uns, sonst müssen wir in diesem Morast zu Grunde gehen. Schicke uns doch vorläufig etwas Lebensmittel. Wie Wurst, Käse, Sardinen, Marmelade, Tee, da wir warmes Wasser bekommen können. Auch etwas zum anziehen für Mama und mich. Auch Suppenwürfel. Hast Du Genehmigung für ein paar Schuhe bekommen? Vielleicht kannst

Du Mama ~~und Seppi~~ zu Dir nach Basel nehmen, wenn die Einreisegenehmigung wieder erneuert würde, und Seppi und ich hier aus dem Lager gehen könnten. Der Betrag wäre für alle drei. Muss Schluss machen, weil eine Dame mir diesen Brief mit in die Stadt nimmt, da die Briefe aus dem Lager zensiert werden. Ich muss Dich noch einmal bitten, helfe uns, vielleicht schicken Deine Verwandten uns auch etwas. Sei nun recht herzlich gegrüsst und lass uns nicht zu lange auf Antwort warten.
Sei nun nochmals gegrüsst von uns allen

Marieli

Unsere Adresse:
Marie Grunkin, Camp de Gurs, Ilot M Baraque 6,
Basses-Pyrénées, France

Kümmer Dich doch auch mal um unsere Sachen. Bei der Gestapo

Brief von Marie Grunkin

Camp de Gurs 19. Nov. 1940

Liebe Rosel!
Für Deinen lieben Brief recht herzlichen Dank. Wir sind für alles was Du für uns tust, Dir sehr dankbar. Schlimm ist, dass wir wenig zu essen haben, und rein garnichts zum anziehen haben. Mama und ich leiden sehr unter den jetzigen Verhältnissen, gleicht doch der Raum, in dem wir mit 49 Personen hausen müssen, eher einem ~~Raum~~ Stall als einem Wohnraum für Menschen. Die Verhältnisse hier sind grauenhaft, Dir von diesen Zuständen zu erzählen würde zu weit führen und Du könntest Dir auch trotz Beschreibung von unserem heutigen Dasein keine Vorstellung machen. Aus unserer Gefangenschaft raus zu kommen ist sehr schwer, denn wir sind rings um das Camp von Stacheldraht

eingesperrt. Wir sind noch schlimmer gehalten wie Gefangene. Unsere ganze Hoffnung setzen wir auf Dich und Georg. Heute liegt unser ganzes Leben in Eueren Händen, von Euch hängt es ab, uns lebend hier heraus zu bringen, um Euch wieder einmal zu sehen. Sollte es Euch trotz bitten und flehen nicht gelingen, «was wir nicht hoffen wollen», weiss ich nicht was geschieht. Der Gedanke, hier Monate hausen zu müssen, ist erschreckend. Kannst Du uns etwas an Lebensmitteln schicken? Schickt uns Deine Verwandtschaft auch etwas? Hast Du an Schorsch geschrieben? Vielleicht kann er auch etwas schicken. Noch besser wäre, er könnte uns von hier heraus nehmen. [...] Wenn Du ihm schreibst, frage doch mal, wo Karl ist. Ich vermute, auch hier im Lager. Wie geht es Dir? Bist Du wieder so weit hergestellt? Siehe zu liebe Rosel, dass Du gesund und stark bleibst, denn wir brauchen Dich jetzt dringender, denn je. Was soll ich mit Mama machen ohne Deine Hilfe. Seppi und ich könnten sich schon durchbringen auch ohne Hilfe, aber für Mama ist es schrecklich. Es ist nicht zu glauben, dass man alte Frauen in solchen Verhältnissen leben lassen kann. Täglich haben wir 6–10 Beerdigungen. Die alten Leute sterben hier weg wie Mücken. Auch die jungen Leute, da nämlich schon eine Epidemie ausgebrochen ist. Wir wollen auch nicht allzu sehr klagen und wollen unserem lieben G"tt dankbar sein, wenn wir gesund bleiben. Ich bin mit Mama in einer Altersbaracke, und wir haben Frauen von 60–90 Jahren.
Hast Du schon etwas gehört von unseren Sachen? Bei Färberei Ritter ist noch Dein Mantel und bei Kürschnerei Binder ist Pelz von mir zum Färben, den könntest Du gut gebrauchen. Du könntest Dich vielleicht an Hilde wenden, die wird es Dir besorgen. Ich gebe meistens die Briefe einer Dame mit, die in die Stadt gehen kann, weil auch diese Briefe zensiert werden. Will nun schliessen und hoffe, recht bald von Dir gute Nachricht zu bekommen, und sei recht herzlich gegrüsst und geküsst von uns allen

                        Seppi, Mama u. Marieli

Abs.: Fany u. Marie Grunkin, Camp de Gurs, Ilot M Baraque 6
Basses-Pyrénées, France

Seppi darf seiner guten Führung wegen uns als [jeweils] besuchen.

Brief von Marie Grunkin

Camp de Gurs 20. Nov. 1940

Liebe Rosel!
Habe Dir ja am 18. Nov. einen Brief geschrieben und schreibe Dir diesen Brief, weil es für Mama vielleicht von Wichtigkeit ist. Heute war nämlich eine schweizerische Comission hier im Lager und hatte sich die Sache angesehen. Die Männer waren empört über die Verhältnisse, in denen wir hausen müssen. Ich habe mich gleich an die Herren gewandt wegen Mamas Einreise. Die Sache scheint nicht einfach zu sein, aber er hat mir versprochen, die Sache zu bearbeiten, und wir sollen uns an ihn wenden. Auch hat er mir gesagt, dass man getragene Kleidung übers Internationale rote Kreuz schicken kann, von wo auch diese Herren waren. Man kann durch dieses Comité vielleicht auch etwas von unseren zurückgelassenen Sachen wieder bekommen. Möchte Dich bitten liebe Rosel, Dich an dieses Comité zu wenden, auch wir werden es von hier aus tun, denn wir müssen alles daran setzen von hier heraus zu kommen, und vor allen Dingen Mama. Seppi hat von hier an das schweizerische Consulat in Marseille geschrieben, ob es etwas nützt, weiss ich nicht, darum wenden wir uns jetzt an dieses Comité.
Wir warten jeden Tag auf Nachricht von Dir, aber leider vergebens. [...] Lass uns nicht so lange auf Antwort warten und sei recht herzlich gegrüsst und Grüsse auch an Paul

Marieli

Wende Dich auch noch sonst in Basel an die zuständige Stelle für Mamas Einreise.

[Rückseite]
Colonel A. Cramer, Membre du Comité International de la Croix-Rouge, Genève

Brief von Josef Grunkin

Camp de Gurs, 25/11/40

Meine Lieben,
liebe Rosel und Paul!
Wir haben Eure beiden Briefe erhalten und danken Euch herzl. dafür. Das Päckle und das Geld sind noch nicht da, werden aber wohl noch kommen. Ihr habt recht, alles an Mama zu adressieren. Ich selbst arbeite in der Küche und kann da eher satt essen als dies den anderen möglich ist. Ich selbst entbehre auch lieber etwas, wenn ich damit Mama und Marilie etwas zukommen lassen kann. Ich komme fast jeden Tag zu Mama und Marilie; und es verging noch keiner, ohne dass ich etwas rüber gebracht hätte. Trotzdem bin ich noch jeden Tag satt geworden. Ich spalte Holz und wasche Wäsche und habe tatsächlich viel Arbeit, aber es hat den Vorteil, dass man satt wird und auch ein wenig verdient. Auch denkt man dadurch nicht an das Elend, denn es sind hier in der Tat traurige Zustände. Soeben habe ich auch an das Schweiz. Konsulat nach Marseille und an das Rote Kreuz nach Genf geschrieben. Ersteres wegen Mama, Zweiteres wegen Mama und unseren Sachen in Lörrach. Vielleicht ist doch noch etwas zu retten.
Ich selbst habe natürlich auch nur Weniges mitnehmen können. Nur Schuhe habe ich genug, und das ist die Hauptsache. Nicht mal eine Decke hatte ich, bekam aber eine von einem Kameraden. Ein Teil Wäsche ist in Crailsheim, nur weniges in Riedöschingen und

die Hauptsache natürlich in Lörrach. Vielleicht kann das Rote Kreuz ermöglichen, dass unsere Sachen Dir ausgehändigt werden. Ich habe in diesem Sinne an das Rote Kreuz geschrieben.
Ich glaube gern, dass es auch bei Euch nicht mehr nett ist. Diejenigen, die Geld haben, werden verduften wie ja grossenteils in Deutschland auch. Aber trotzdem verlieren wir die Hoffnung nicht, dass auch uns mal die Sonne wieder scheint. Auch Du darfst nicht verzagen! Wir haben uns nicht das Geringste vorzuwerfen! Mache Dir nicht zu grosse Sorgen wegen uns, denke auch an Deine Familie, an Paul und an Dich!
Es hat uns gefreut zu hören, dass es Klein-Rosmarie gut geht und sie gedeiht!
Eine Bitte habe ich an Dich. Falls Du mal Frl. Wiedmann triffst, grüsse sie von mir und gib ihr meine neue Adresse. Im nächsten Brief bekommst Du eine Schilderung unseres Lagerlebens.
Für heute genug!
Hoffe bald wieder von Euch zu hören!

[am Briefrand]
Herzl. Grüsse von uns allen! V.[on] Mama Marilie und Sepp! Wir sind gesund, ab und zu mal erkältet! Es fehlt hier sehr an Medikamenten! Die Nächte sind arg kalt!

P.S. Nötig wäre für Mama die Brille. Ferner 1 Schere, Nadel und Faden und 1 Thermosflasche!

[Couvertrückseite]
Josef Grunkin, Camp de Gurs, Basses Pyrénées
Ilot E / Baraque 1.

Brief von Marie Grunkin

Camp de Gurs, 5. Dez. 1940

Liebe Rosel!
Deinen lieben Brief vom 20. Nov. haben wir erhalten, vielen herzlichen Dank dafür. Nun sind wir schon 7 Wochen hier, und es besteht keine Hoffnung, von hier raus zu kommen. Auch hat hier eine grimmige Kälte eingesetzt, alle sind wir erkältet, und ich bin schon das zweite Mal mit 39 Fieber gelegen. Wie gut könnten wir unsere 2 Wolldecken zu Hause gebrauchen. Von den zweien, die wir mitgenommen haben, mussten wir Seppi eine geben, weil er keine hatte. Oft denken wir an unsere schöne Betten, aber leider. Von Deinen eingezahlten 20 Fr. haben [wir] 194.20 ffr. ausbezahlt bekommen. Ich glaube, wenn Du französisches Geld in einem Einschreibebrief schicken wirst, ist es besser. Erkundige Dich doch mal. Dein angesagtes Päckchen haben wir immer noch nicht erhalten. Wir sind froh wenn wir etwas bekommen, sind wir doch fast ohne Geld hierher gekommen, wenn man was kaufen will, ist alles sehr teuer, und dann bekommt man ja auch nichts. Viele Leute bekommen hier Kleiderpakete aus dem unbesetzten Gebiet. Hast Du schon jemand gefunden, wir müssten unbedingt etwas zum anziehen haben. An das Consulat haben wir geschrieben und auch an das internationale Rote Kreuz. Hoffentlich klappt es mit Mama. Was sagt Paul über unser Schicksal? Wir freuen uns immer, wenn Du über Rosmarie so nett schreibst, ach könnten wir Euch wieder einmal sehen, unsere Sehnsucht nach Euch ist sehr gross, wann wird dies sein? Hier heraus zu kommen ist unmöglich. Hast Du an Schorsch geschrieben? Tue es bitte, denn ein Brief von hier nach Montevideo kostet über 20 ffr.
Nun liebe Rosel findest Du beiliegend die 2 Listen, ich habe es so gut ich konnte gemacht. Auch nehme ich an, dass Du Dich noch an unseren Haushalt erinnern kannst, wenn Du raus kommst. Was wir an Stoffen hatten, weisst Du ja, auch kennst Du sämtliche Kleider und Geschirr. Es liegen noch viele Sachen rum, die nicht auf der Liste stehen und zum ändern waren, und wir können heute mehr

denn je jedes Stückchen gebrauchen. Eine Liste ist für Dich, die andere ist für uns, was wir dringend gebrauchen. Auch hat man uns Dein Sparbuch mit 6.55 Fr. abgenommen. Unseren Hausleuten haben wir 7 Mk für 2 Zentner Kartoffeln gegeben, und bevor wir fort gingen, hat uns Sepp 2 Zent. geschickt, also haben wir die 7 Mk noch zu gut. Die Rente hat man Mama auch genommen. Auf dem Speicher stehen Sachen und der Überseekoffer und im Keller 2 Kisten Geschirr, 2 Zentner Kartoffeln, 4 Zentner Briketts und Verschiedenes. Mit den Schulden wirst Du sehen was zu machen ist, vielleicht kannst Du etwas verkaufen. Auch bei Felbers liegen noch Wäschesachen von uns. Einen Rat möchte ich Dir geben, gehe bitte nicht allein nach Lörrach, wenn es geht, soll Paul mitgehen. Du weisst ja, dass ich für uns nichts machen konnte, weil ich zuerst verdienen musste. Schicke mir bitte ein Rockmuster, Seppi hat mir eine Hose gegeben, davon ich mir einen Rock machen möchte. Wenn ich nur Deinen Trainingsanzug hätte. Vergiss nicht ein Päckchen Tee zu schicken. Erledige bitte alles gut und sei recht herzlich gegrüsst und geküsst von uns allen

Mama und Marieli, Seppi

Viele Grüsse an Paul und Deine Angehörigen.

Brief von Josef Grunkin

Camp de Gurs, 10/12/40
Ilot E / Baraque 6.

Liebes Rosl!
Für Deinen Brief auch meinerseits herzl. Dank. Ich will gleich zum Wesentlichen meines Schreibens übergehen. Vom Schweiz. Konsulat in Toulouse bekam ich das beiliegende Schreiben und je 4 Fragebogen für Mama und mich, die ich heute ausgefüllt wieder nach Toulouse zurückgesandt habe. Ich habe beim Konsulat wegen Marilie angefragt und habe dort angegeben, dass lieber ich

auf die Einreise nach der Schweiz verzichten würde, wenn dadurch möglich gemacht werden könnte, dass Marilie mit Mama von hier wegkommen könnten. Deine «Aufgabe», die gewiss nicht leicht ist, ist nun, vor allem für Mama's Einreiseerlaubnis zu sorgen, und falls möglich könntest Du natürlich auch wegen Marilie und mir bei verschiedenen Leuten und eventuell beim Komitee anfragen, ob die nötigen Garantien für Marilie und mich gestellt werden können. Also vor allem für Mama, dann für Marilie und wenn einigermassen möglich für mich. Für die Frauen muss etwas getan werden, denn wie es da aussieht ist für Frauen tatsächlich furchtbar!

Zur Zeit sind Mama und Marilie Gott sei Dank gesund, und auch von mir kann ich sagen, dass mir nichts fehlt. Das Leben hier ist natürlich alles andere als angenehm, aber ich arbeite von morgens bis abends und so denkt man nicht so viel an das Elend. Das Päckchen von Dir ist noch nicht hier, man hört allgemein, dass die Sendungen aus der Schweiz noch nicht angekommen sind. Hingegen habe ich schon oft gehört, dass Pakete aus Deutschland hier angekommen sind. Ich selbst bekam auch einen Brief aus Crailsheim, habe denselben allerdings noch nicht beantwortet. Hatte bisher gar keine Lust, nach Deutschland zu schreiben. Bekamst du vielleicht inzwischen wieder einen Brief?

Für heute mal genug! Nochmal möchte ich Dich bitten, alles für Mama zu unternehmen und wenn möglich auch für uns.

Im Übrigen hoffe ich, dass Ihr alle gesund seid. Was macht Deine Kleine, Rosmarie? Marilie hat Dir ja heute auch geschrieben. Mich nimmt wunder, was mit unseren Sachen sein wird!

Schreibe uns bald wieder und sei Du und Deine Angehörigen herzl. gegrüsst von

Deinem Bruderherz Sepp!

P.S. Seit etwa einer Woche regnet und stürmt es hier, dass man manchmal meint, die Baracken fliegen fort! Und eine Sauerei! Schuh hoch liegt der Dreck!

Brieffragment von Marie Grunkin

[undatiert, vermutlich 10. Dezember 1940]

Von Seppi wirst Du auch einen Brief bekommen, denn wir haben vom schweizerischen Consulat in Toulouse einen Brief bekommen, wenn ihr Euch ja verbürgt, wirst du so G"tt will bald unsere Mama wieder sehen. Wir müssen Formulare ausfüllen und Ihr müsst zur Fremdenpolizei gehen. Auch für Seppi besteht die Hoffnung, wenn sich jemand für ihn verbürgt, da er in der Schweiz geboren [ist]. Seppi wird Dir alles genau schreiben. Von der Sophie [Rosenfeld] bekam der Sepp einen Brief übers Rote Kreuz. Du kannst ihr schreiben, vielleicht wird sie uns etwas schicken, denn aus Deutschland kommen auch Pakete. Wenn [Du] unseren Haushalt bekommst, könntest Du die Sachen bei Bachmanns unterstellen. Siehe auch zu, dass wir bald ein Fresspäckchen bekommen, wir hätten es nötig. Schicke das Geld wieder wie das erstemal, es ist sicherer.
Sei recht herzlich gegrüsst und geküsst von uns allen.

[...]

Brief von Marie Grunkin

Camp de Gurs, 30. Dezember 1940

Liebe Rosel!
Entschuldige, dass Du wieder solange auf Post warten musstest, aber Seppi arbeitet sehr viel und ich liege wieder im Bett. (Was schon Bett heisst.) Weihnachten ist gekommen und gegangen. Wie haben wir uns doch das ganze Jahr gefreut, Dich mit Rosmarie wieder sehen zu dürfen. Aber leider. Während Du im Kreise Deiner Lieben gefeiert hast, sind wir hier, verbringen

unser Dasein mit Hoffen und Warten und erfrieren fast vor eises Kälte. Es ist uns wenigstens ein Trost etwas zum essen zu haben, denn Deine lieben Päckchen haben wir alle 3 nacheinander bekommen. Ich kann Dir garnicht sagen, wie gross unsere Freude war, es sind auch alles gute Sachen, an die wir im Traum nicht mehr gedacht haben, nochmals zum essen zu bekommen. Dass Du die Listen bekommen hast, hast Du geschrieben. Es stimmt, wir haben nur das mit was wir am Leibe haben. Es ist sehr bitter. Du musst unbedingt an Herrn Vinger der Gestapo schreiben, denn der war uns immer zugetan und weiss auch, dass wir sehr wenig mitnehmen konnten. Wenn Du an ihn persönlich schreibst, wird er Dir sicherlich behilflich sein, wenigstens unsere Sachen zum anziehen zu bekommen. Das was wir haben, müssen wir Tag und Nacht anhaben; weil wir uns Nachts nie ausziehen können, sind auch unsere wenigen Sachen schon so mitgenommen, dass wir uns kaum zu helfen wissen. Heute kam auch Dein Brief, in dem Du schreibst, dass Du hoffst uns bald bei Dir zu haben, wenn das Wirklichkeit würde! [...] Auch kannst Du an Frl. Rosenfeld schreiben, vielleicht kann sie uns etwas an Kleidern schicken, denn aus Deutschland kann man Sachen schicken. Das Paket mit den Kleidern ist noch nicht hier. Hoffentlich hast Du es auch ehrlichen Leuten übergeben. Wenn Du die genaue Adresse bekommen kannst von dem Herrn, der hier im Camp ist, dann könnten wir uns mal erkundigen. Es wird hier sehr viel Gaunerei getrieben.
Weisst Du liebe Rosel, wenn man hier so liegt, geht einem so vieles durch den Kopf, und so auch mir. [...] Immer, wenn ich mit Seppi zusammen bin, reden wir von Dir. Liebe Rosel, schreibe mir doch ausführlich. [...] Glaube mir, wenn wir Dir im Augenblick nicht helfen, sondern wir nur auf Dich angewiesen sind, wirst Du an uns immer einen Halt finden. Du wirst sicher denken, was ich für dumme Gedanken habe, aber sei mir nicht böse, Seppi und ich möchten Dich nur glücklich wissen. Hast Du von Rosmarie keine neuen Bildchen, auch von Dir möchten wir eines haben, wir haben gar keines von Dir.
Bist Du schön beschert worden? Rosmarie doch sicher. Wenn Du

für Seppi und mich nicht die Einreise besorgen kannst, dann tue es doch für Mama. Erledige doch bitte alles bald und gut und sei recht herzlich gegrüsst und geküsst von uns allen

Marieli

Schicke nur wieder Päckchen, es sind alle gut angekommen.

Brief von Marie Grunkin

Camp de Gurs, 3. Januar 1941

Meine liebe Rosel!
Hoffe, dass Dich unsere Zeilen erreicht haben, und wünsche Euch allen noch nachträglich ein gutes glückliches neues Jahr. Möge es uns im neuen Jahr beschieden sein, wieder mal mit Dir liebe Rosel und mit Rosmarie zusammen sein zu dürfen. Man hört hier im Camp so vieles von neuen politischen Ereignissen. Wir wollen nicht hoffen, dass alles auf Wahrheit beruht. Es wäre ja nicht auszudenken, wenn wir von Dir keine Hilfe mehr bekommen könnten. Von Schorsch wirst du wohl in der Zwischenzeit schon Antwort erhalten haben. Hast Du von der Fremdenpolizei wegen Mamas Einreise schon etwas gehört? Wenn wirklich alles Wahrheit wäre, wäre auch unsere letzte Hoffnung, zu Dir zu kommen, hinfällig. Ich selbst bin wieder etwas hergestellt, aber ganz in Ordnung bin ich noch nicht. Mit unseren Nerven sind wir alle drei sehr unten. Mama war ja immer so, aber Seppi wirst Du kaum mehr erkennen. Ich habe an Körpergewicht sehr abgenommen, Seppi ist sehr besorgt um mich, es ist leider an unserer Lage nichts zu ändern und wir müssen mit unserem Dasein zufrieden [sein]. Du kannst Dir unsere Lage kaum vorstellen, wenn wir es Dir noch so deutlich erklären.
Wir freuen uns schon auf das nächste Päckchen. Hoffentlich kannst Du noch welche schicken. An Medikamenten brauchten wir Sari-

don-Tabletten, Lysoform, Turipol für die Nase, Verbandsachen, Sedormit, Kolaratropfen, Niveacreme. Kannst Du nicht eine Gummiwarmflasche besorgen, dann muss ich Dir immer wieder sagen, dass wir dringend etwas zum anziehen brauchen. Vielleicht kann Frl. Rosenfeld etwas schicken. Es ist heute etwas wenig, aber ich möchte nicht, dass Du lange ohne Post von uns bist.
Schreibe auch Du liebe Rosel öfter, weil wir immer sehr auf Nachricht von Dir warten.
Sei aufs liebste gegrüsst und geküsst von uns allen

Marieli

Brief von Marie Grunkin

Camp de Gurs, 15. Januar 1941

Liebe Rosel!
Vielen herzlichen Dank für Deine lieben Zeilen. Dein Brief zu Seppis Geburtstag kam gerade einen Tag später an. Wir alle haben uns sehr gefreut, dass Du daran gedacht hast liebe Rosel, und heute kam Dein Brief, in dem Du Dir wieder einmal um uns Sorgen machst. Ich kann garnicht begreifen, dass Du schon drei Wochen ohne Nachricht von uns bist. Jede Woche schreibe ich Dir zwei, aber einen Brief bestimmt, es ist mir unbegreiflich. [...]
Ist es wahr, dass man keine Päckchen mehr schicken darf? Es wäre wirklich schade, denn Deine drei lieben Päckchen haben wir erhalten und uns riesig damit gefreut. In jedem Brief habe ich Dir geschrieben, dass wir die Päckchen erhalten haben. Denke Dir liebe Rosel, von Fräulein Rosenfeld hat Seppi zwei schöne Pakete erhalten. Es ist doch sehr nett von dem Mädel, wie sie auch jetzt noch Seppi in jeder Beziehung helfen will. Sepp hat selbstverständlich alles uns gebracht, und Mama hat sich sehr gefreut, wieder etwas zu essen zu bekommen, und vor allen Dingen war es etwas aus der gewesenen Heimat. Es war Brot, etwas Kuchen,

eine Wurst und sonst noch Kleinigkeiten, sogar etwas Nähseide für mich.

Ach könnte sie uns doch etwas an Kleidern schicken. Hat sie Dir nicht geschrieben, was sie alles schicken kann, oder hast Du auch keine Post mehr erhalten? Wir freuen uns heute schon auf das Paket aus Frankreich. Das Paket, das Du mit Wäsche an uns geschickt hast, ist immer noch nicht da. Waren das auch ehrliche Leute, mit denen Du es geschickt hast?

Du musst Dich an die Gestapo in Lörrach (Herrn Finger) wenden, dass wir unbedingt etwas von unseren Sachen bekommen. Herr Finger war uns immer sehr zugetan und weiss auch, dass wir sehr wenig mitnehmen konnten. Er wird Dir sicher erlauben, wenigsten unsere Kleider zu schicken oder Dir dazu behilflich zu sein.

Es wurde hier auch schon wegen Mazzen gefragt. Ich will nicht hoffen, dass Mama Pessach noch hier sein wird, wenn aber doch, könntest Du uns Mazzen schicken? Mama möchte auch hier kein Brot essen, und ich möchte es ihr auch in ihren alten Tagen nicht zumuten.

Wie geht es bei Dir? Hoffentlich bist Du wieder ganz gesund. Ich kann Dir gar nicht sagen, wie schwer es für uns ist, immer von Dir verlangen zu müssen, weil wir ja garnicht [wissen], wann wir es Dir wieder zurückzahlen können. Schorsch muss Dich unbedingt darin unterstützen. [...]

[...] Schicke uns doch von Rosmarie wiedermal ein paar Bildchen. Auch von Dir haben wir keines.

Hoffe, dass Dich dieser Brief bei voller Gesundheit antrifft und dass Du uns bald gute Nachricht schicken wirst mit Mamas Einreise.

Schreibe mir, ob Du den Brief bekommen hast, wo ich dich um Medikamente gebeten habe.

Sei recht herzlich gegrüsst und geküsst [von uns] allen

Marieli

Auch viele Grüsse an Paul und Verwandte.

Brief von Josef Grunkin

20. Januar 1941.

Josef Grunkin
Camp de Gurs
p/Oloron B.P.
Ilot E / Bar. 6

Liebes Rosel!
Für Deine Briefe herzl. Dank. Sie erreichten uns alle bei verhältnismässig guter Gesundheit. Es ist nämlich nicht einfach, unter den vorliegenden Verhältnissen ganz gesund zu bleiben, aber ich kann sagen, dass es bei uns bis zur Stunde noch so einigermassen ging. Nur etwas mager sind wir hier geworden!
In Deinem letzten Brief schreibst Du, dass Du Geld für ein Paket einbezahlt hast. Vor einer Woche kam schon die erste Sendung solcher Pakete hier an. Ein Herr Wertheimer aus Toulouse, der früher in St. Louis wohnte und von dort öfter nach Lörrach kam, nimmt die Verteilung vor. Ich war dabei behilflich. Ein solches Paket besteht aus Dosen, die Büchsenfleisch oder Konserven oder Pâté enthalten. Die Verteilung wird ungefähr alle 10–14 Tage vorgenommen.
Von Sophie Rosenfeld kamen dieser Tage 2 Pakete hier an. Inhalt: Lebensmittel. Ich gab die Sachen alle Mama. Ausserdem sind mir noch einige Pakete aus Deutschland avisiert. Für Wäsche und Kleider ist eine besondere Genehmigung nötig. Sophie hat darum eingegeben.
Und nun zum Wichtigsten. Also für Freilassung *einer Person* aus dem Camp ist ein Betrag von *ffrs 1000.– bis 1500.– pro Monat* nötig, was zu einem bescheidenen Leben genügt. Für Mama und Marilie macht das also pro Monat ca ffrs 3000.–. Das Geld muss auf einer Bank in Toulouse oder sonstwo hier in der Nähe zur Verfügung *der Freizuwerdenden* deponiert werden. Wie Du schreibst, ist die Einreise nach der Schweiz momentan sehr schwierig. Begreiflich! Vielleicht gelingt es doch für Mama! Wenn

Du nun bis jetzt noch nichts Näheres über Mama's Einreise erfahren hast, hättest Du folgendes zu tun:
Du überweisest, *wenn es Dir möglich ist*, den Betrag von 2000.- bis 3000.- sfr. oder den Gegenwert in ffrs auf eine Bank in Toulouse. Dann müssen wir aber auch eine Unterkunftsmöglichkeit für Mama und Marilie haben. Erst dann, wenn diese beiden Bedingungen: 1. *Lebensunterhalt*, 2. *Unterkunft* erfüllt sind, kann der Antrag auf Freilassung gestellt werden! Ob es Dir möglich ist, obigen Betrag aufzubringen, weiss ich nicht. Es ist sehr viel Geld. Aber ich bitte Dich, es nicht unversucht zu lassen, obigen Betrag aufzubringen und so bald als möglich zur Verfügung zu stellen. Besprich dies wenn nötig mit dem Komitee und mit Bekannten, damit unser Vorhaben gelingt, und gib uns sofort Bescheid, eventuell telegrafisch. Wegen der Unterbringung werde ich mit Wertheimer sprechen, so bald er wieder hierherkommt.
Dein Wäschepaket kam nun auch an. Herzl. Dank! Leider waren die Lebensmittel *alle* geklaut! Ich werde aber danach forschen, mache mir aber keine grossen Hoffnungen, denn zum Teil sind sowohl die Armut als auch die Gaunereien sehr gross!

Brieffragment von Josef Grunkin

[undatiert, gehört vermutlich zum Brief vom 20. Januar 1941]

Nun möchte ich mal einen Wunsch für mich persönlich äussern. Wie Du weisst, war ich mal mit Frl. Wiedmann gut befreundet. Frage sie mal, ob sie für mich vielleicht 20.- Fr. übrig hätte. Lass sie ev. diesen Satz lesen und von mir herzl. grüssen.
Wegen mir gibt es übrigens noch eine Neuigkeit. Ich habe mich zum Arbeitsdienst gemeldet. Vielleicht werde ich angenommen und *frei* und kann dann für Mama und Marilie mehr tun. Es ist aber noch nicht so weit!
Dieser Tage sind wir alle, Männer und Frauen bis zu 45 Jahren

gegen Typhus geimpft worden. Insgesamt bekommt jedes 3 Spritzen. Kein Vergnügen!
Übrigens in Riedöschingen ist nichts mehr von mir mit Ausnahme eines Sprit-Kochers und eines Nachthemdes. Diese Sachen sind dort gut aufgehoben. Herzl. Grüsse von mir.
Hingegen hat Frl. Rosenfeld noch manches Stück von mir, wofür sie den Antrag auf Freigabe zur Übersendung an mich bei der Devisenstelle gestellt hat. Vielleicht klappts!
Hast Du eigentlich etwas von unseren Sachen in Lörrach gehört? Gut gebrauchen könnte ich einen grossen, gebrauchten Rucksack. Meinst Du das wäre zu machen?
So, nun wäre mal über das Wichtigste geschrieben, hoffentlich hat's auch einen Wert. Ich bitte Dich nochmals, tue was Du kannst!
Und nun, wie geht es denn bei Euch? Was macht Deine Kleine? Und Paul? [...] Wir können nichts dafür, dass es uns momentan so schlecht geht. Ich verliere die Hoffnung nicht, dass auch uns die Sonne mal wieder scheint. Allen Widerwärtigkeiten zum Trotz.
In diesem Sinne schliesse ich für heute meinen Brief und grüsse Euch alle in der Hoffnung, dass Ihr alle gesund und unverzagt seid, herzlichst

Euer Sepp!

Brief von Marie Grunkin

Camp de Gurs, 22. April 1941

Liebe Rosel!
Sei uns bitte nicht böse, dass wir Dich so lange ohne Nachricht liessen, aber Du wirst aus dem Brief, den Dir Mama geschrieben hatte, sehen, dass es mit ihr hier nicht einfach war. Auch hat Mama Dir diesen Brief nur geschrieben, weil sie immer in dem Glauben war, wir hätten Dich zu Mamas Einreise gezwungen,

weil wir sie von hier weg haben wollten, was doch nie der Fall war. Wir wollten doch alle nur das beste für Mama.
Liebe Rosel, in Deinem Brief schreibst Du mir, dass Du auf Mamas Kommen Angst hast. Ich kann Dich liebe Rosel sehr gut verstehen. Auch weiss ich, dass Du das alles mit grossen Entbehrungen fertig gebracht, Mama von hier heraus zu bringen. Liebe Rosel, Du musst aber auch verstehen, dass ein Mensch wie Mama sich nicht mehr gross ändern kann, dann musst Du auch verstehen, dass sie, bevor wir hierher gebracht worden sind, zusammengebrochen war und 3 Wochen im Krankenhaus war, und dass all das, was wir bis jetzt erlebt haben, für uns nicht einfach war, besonders nicht für einen Menschen wie Mama. Rosel, Du weisst, dass ich sehr an Dir hänge. Ich leide sehr an Heimweh und Sehnsucht nach Dir und Rosmarie und ich möchte Dich bitten, bereue es nicht, was Du für Mama getan hast, es ist unsere liebe Mama, die auch für uns gedarbt und gelitten hat, wäre ich an Deiner Stelle gewesen liebe Rosel, hätte ich wie jedes von uns dreien dasselbe mit gleichen Gefühlen getan wie Du. Bedenke auch liebe Rosel, Mama ist von uns weggegangen, der Abschied ist uns weiss G"tt nicht leicht gefallen, besonders nicht für mich. War ich doch in den letzten Jahren nur mit Mama zusammen, was haben wir beide zusammen gelitten und durchgemacht, ich habe alles allein getragen, ohne Dir und Seppi davon zu sagen, und ich hätte es auch weiter getan, wäre sie nicht zu Dir gekommen. Wer weiss wann wir wieder einmal zusammen kommen. Ich will hoffen, dass sich alles zum Guten wendet, hat sich Mama doch besonders auf Rosmarie gefreut.
Mama wird in der Zwischenzeit bei Dir angekommen sein, habe Geduld, denn auch Seppi und ich sind nur noch ein Nervenbündel, und ich weiss wirklich nicht, wie es den Sommer über bei der grossen Hitze hier werden wird. Mama soll glücklich sein, dass sie von hier weggekommen ist. Ich will Dir versprechen, jede Woche zweimal zu schreiben und möchte Dich bitten, uns gleich über Mamas Ankunft zu berichten. Sei mir nicht böse, ich werde alles wieder gut machen, werden wir erst hier heraus kommen.

Sei recht herzlich gegrüsst und geküsst in grosser Sehnsucht

Marieli

Liebe Rosel, schicke mir doch bitte ein Rock-, Taillen-, Ärmel- und Jackenmuster. Mama wird Dir erzählt haben, dass ich hier einen Nähkurs leite.
Schicke Dir diese Woche noch einen Brief an Dich ab. Viele liebe Grüsse und Küsse an unsere liebe Mama

Brief von Josef Grunkin

Jos. Grunkin
Camp de Gurs, Ilot E / Bar. 7

23. April 1941

Mein liebes Rosl!

Auf Deinen Brief v. 15. 4. 41, in dem Du so energisch mit mir schimpfst, will ich Dir sofort antworten, nicht dass Du mir etwa unnötigerweise bös wärst. Dass ich über Mama nicht soviel geschrieben habe lag daran, dass ich selbst bis auf den letzten Tag nicht gewusst habe, was mit Mama sein wird. Nachdem der Brief vom Konsulat in Toulouse da war, vor etwa 4 Wochen, habe ich sofort das «Visa de sortie» beantragt. Die Einreise war bis zum 21. 4. 41 befristet und das «Visa de sortie» kam erst am 19. 4. hier an. Ich habe in der Zwischenzeit beim Konsulat um Verlängerung des Einreisevisums gebeten, und erst auf einen telefonischen Anruf der Direktion des Camps wurde das Visum um einige Tage verlängert. Erst am Samstag den 19. 4. wusste ich, dass Mama am Sonntag den 20. 4. reisen würde. Am Montag den 21. 4. vormittag 10.00 musste Mama in Toulouse auf dem Konsulat sein, um das schweiz. Visum in Empfang zu nehmen. In Toulouse habe ich

einen Bekannten und Karl verständigt, damit sie Mama behilflich sind, und jetzt, da ich diesen Brief schreibe, hoffe ich, dass sich Mama wohlbehalten bei Dir eingefunden hat.
Mama selbst war lange Zeit nicht davon zu überzeugen, dass es für sie das Beste ist, nach Basel zu kommen. Wir hatten schwere Stunden bis es soweit war, und manchmal habe ich gedacht, wozu all diese Mühe und Opfer, die Du aufgewendet hast, aber ich hoffe, dass sich nun alles zum Guten gewendet hat. Über den Brief, den Mama von jemandem Dir schreiben liess, würde ich empfehlen, denselben Mama gegenüber nicht viel zu erwähnen. In ihrer Aufregung und Dir ja bekannten Einstellung hat sie diesen Brief schreiben lassen, und ich glaube, dass sie nicht überzeugt ist von dem, was sie hat schreiben lassen. Vielmehr ich hoffe es!
Das Geld, die 600.– ffrs. sind natürlich angekommen, herzlichen Dank dafür. Ich glaube nicht, dass Mama in Verlegenheit gekommen ist unterwegs. Weder an Geld noch an Proviant.
Nun, ich hoffe, dass unsere Mama jetzt wohlbehalten bei Dir angekommen ist und Dir vieles erzählt hat. Sie wird wieder ein Mensch unter Menschen sein, und dass sie dort wieder auflebt und gesund wird. Einmal wird auch der Tag kommen, wo wir wieder alle beisammen sein werden.
Dir liebes Rosl und auch Dir lieber Paul herzlichen Dank für all die Mühe und die Opfer, die Ihr für unsere Mama und auch für uns aufgewendet habt. Möge es Euch allen zu Glück und Segen gereichen. Ich hoffe auch gerne, dass Dein Gesundheitszustand sich nunmehr wieder gebessert hat. Meine besten Wünsche hierzu! Einen kleinen persönlichen Wunsch habe ich auch noch, und zwar, schickt mal ab zu ein paar Zeitungen, auch Illustrierte, dürfen auch älteren Datums sein.
Wir sind alle gesund und guten Mutes! Herzliche Grüsse auch der kleinen Rosmarie

                                                              Euer Sepp!

Grüsse an alle Bekannten!

Brief von Josef und Marie Grunkin

Jos. Grunkin,
Camp de Gurs, Ilot E / Bar. 7

29. 4. 1941

Mein liebes Rosl!
Herzl. Dank für Deinen Brief und den von Sophie. Es freut mich, dass Du Deine Meinung über Mama wieder gebessert hast. Sie wird nun wohl selbst feststellen können, dass sowohl Du als auch wir nur ihr Bestes gewollt haben, indem nichts unversucht gelassen wurde, sie von hier fort zu bringen. Ich hoffe gerne, dass sie inzwischen gut bei Dir angekommen ist und lasse sie herzl. grüssen. Vergiss jenen traurigen Brief, den Mama Dir hat schreiben lassen. Er ist ein Produkt des Lebens in den hiesigen Verhältnissen, und versuche, es Mama vergessen zu lassen, was sie hier erlebt hat, und mache es ihr so nett Du kannst.
Wegen uns brauchst Du Dir nicht allzugrosse Sorgen machen. Wir sind jung und können etwas vertragen. Wenn Du für Marilie etwas tun kannst, weiss ich, dass Du es tust. S'Marilie hat einen Freund, der auch mein Freund ist. Ein netter, kräftiger Bengel, Metzger von Beruf, 22 J., Franz Wrobel aus Mannheim. Ich glaube, dass das etwas wird. Wir beide, Franz und ich werden versuchen, das Leben hier nach Möglichkeit zu erleichtern, bis auch unser Tag kommt.
An Schorsch habe ich noch nicht geschrieben, so wenig als an die Verwandten von Sophie. Schorsch hat nichts, und die anderen sind mir fremd. Was will ich von den Leuten verlangen. Die haben in Deutschland selbst nahe Verwandte, denen sie helfen sollen, wenn sie können. Eine Sendung von dort habe ich bis jetzt nie erhalten.
An die Sophie schreibe bitte eine Karte, ich sei gesund und es würde mir an nichts fehlen. Erwähnen kannst Du auch, dass von Amerika bisher nichts gekommen sei, und ich liesse sie herzl. grüssen. Dieser Tage schreibe ich mal einen Brief für sie an Dich, den kannst Du dann weitersenden.

Für heute nun wieder Schluss. Ich hoffe, dass Mama inzwischen gut in Deiner Obhut aufgenommen ist, und danke Euch allen nochmals für Eure Hilfe.
Seid herzlich gegrüsst, Du und Paul sowie alle Deine werten Angehörigen von
Euerem Sepp!

[Beifügung von Marie Grunkin]

Liebe Rosel, liebe Mama!

Inzwischen wird Mama bei Euch angekommen sein, und wir wollen hoffen und wünschen, dass bald der Tag kommt, wo wir alle wieder beisammen sein werden. Wir blangen [sehnsüchtig warten] so auf den ersten Bericht von Mamas Reise. Von Karl bekamen wir aus Toulouse Post. Für die Sachen, die Mama für mich eingekauft hat, danke ich ihr recht herzlich, bekommen habe ich es noch nicht, aber Karl hat es mir geschrieben und ich habe mich sehr darüber gefreut. Ich bin fest davon überzeugt, dass wir alle wieder zusammen kommen und ich meine Verlobung im Kreise all meiner Lieben feiern darf.
Viele liebe Grüsse und Küsse für Dich und unsere liebe Mama sowie Grüsse an all Deine Lieben. Brief folgt.

Brief von Josef Grunkin

Josef Grunkin
Camp de Gurs, Ilot E / Bar. 2, B.P.

26. Mai 1941

Meine Lieben Alle!
Liebe Mama,
Liebes Rosl und Paul!
Zunächst noch herzl. Dank für Deinen Brief v. 5. Mai. Die Antwort hat etwas lange gedauert, aber Marilie hat ja letzte Woche geschrieben, und ich selbst war nicht ganz auf dem Damm. Wir hatten bis jetzt den ganzen Mai Regen und ich hatte mich dabei erkältet.
Es freut mich, dass Mama gut dort angekommen ist. Es wird schon eine Zeitlang dauern, bis sie sich wieder an die Zivilisation gewöhnen wird, aber sie kann herzl. froh sein, dass sie nicht mehr hier ist. Die Menschen, das Essen und das Wetter sind nicht besser geworden. In der Baracke von Mama ist noch mehr Händel wie früher, und die Menschen darin sind weder mit dem Frl. Adler noch mit sich selbst zufrieden. Das Ilot M soll bald ausgebessert werden, hat es auch bitter nötig. Marilie wird wohl in eine andere Baracke gehen und wird wohl auch den Nähkurs abgeben und für sich arbeiten. Es arbeitet jetzt schon ein halbes Jahr vollständig umsonst! Lediglich mal einen Teller Camp-Suppe und ein wenig Marmelade extra! Vielleicht kommt die Nähmaschine, dann ist unserem Marilie geholfen. Was ist eigentlich in Bezug auf die Nähmaschine schon unternommen worden? Was die Zustellung von Sendungen an Lagerinsassen anbelangt, ist gar manches ziemlich dunkel und unklar, und Du musst uns mitteilen, ob und was schon getan wurde. Es gibt in Genf eine Stelle, die sich gegebenenfalls solcher Sendungen annimmt, die nicht ordnungsgemäss an die Adressaten gelangen. Ich würde Dir raten, in jedem Fall sich mit diesem Institut ins Benehmen zu setzen für eventuelle Fälle. Ich will damit sagen für ev. kommende Sendungen, was man schicken darf und wie, dass auch *alles* in die Hände des

Empfängers gelangt. Diese Stelle heisst: Société Général Surveillance S.A., Genf. Kannst Dich ev. mal danach erkundigen. Bezügl. dem Wunsche von Mama, dass sie ganz für sich wohnen möchte, bitte ich Dich, Mama nicht falsch zu verstehen. Sie möchte Euch gerne allein lassen und doch bei Euch sein. Das ist ganz in Ordnung, nur hat es einen grossen Fehler, es verteuert die Sache ganz erheblich. Ich mache mir oft darüber Gedanken. Ich bitte Dich, mir ganz offen darüber zu schreiben. Vielleicht kann etwas unternommen werden, Dir hierbei irgendwie behilflich zu sein. Ich hoffe ja gerne, dass mal wieder normale Verhältnisse eintreten werden und auch dieses Problem ganz einfach gelöst wird, aber ich möchte nicht haben, dass Dein Familienleben eine allzustarke Belastung erfährt.

Bezügl. des Paketes von Mama mit den Sachen für Marilie kann ich Dir mitteilen, dass wir dasselbe prompt erhalten haben. Das Geld ist noch nicht da, werden dasselbe aber dieser Tage hoffentlich bekommen. Ich werde Karl nochmal schreiben.

Die Adresse von jenem «Mann mit dem Koffer» verlangt Mama! Ich weiss gar nicht, was sie damit meint. Meint sie vielleicht jenen «Puddlef», der das Paket für uns und Frau Schärf bekam? und darin so schön aufgeräumt hat! Oder den Wertheimer in Toulouse – halt, eben kommt mirs in [den] Sinn! Diese Adresse weiss ich nicht auswendig, muss zuerst selbst fragen!

Wegen der Geldverteilung damals von Beck kann ich Dir mitteilen, dass alle nur etwa 52.– Franken bekommen haben. Ich habe die Liste selbst gesehen, Herbert Meier von Schopfheim hat die Verteilung vorgenommen. Jedenfalls wurde das Geld unter *mehr* Leute verteilt als ursprünglich vorgesehen, und deshalb wurden die einzelnen Teile kleiner! Im übrigen kommen noch viel traurigere Sachen vor als das! Wie war das eigentlich mit den Lebensmitteln aus der Schweiz, die den Rabbinern zur «Verteilung» übersandt worden sind und die «angeblich nur ganz besonders bestimmten Leuten» verteilt worden sind?

Wegen Frl. Storz weiss Marilie nicht mehr, was es schuldig sein könnte. Es meint, es hätte für Frl. Storz etwas genäht und sie wären «quitt». Frl. Storz soll doch mal sagen, was es macht. Ob

sich die Sache mit Mama's Rente so regeln lässt, wie Du meinst, das weiss ich nicht. Ich würde Dir aber empfehlen, Dich von dort aus zu erkundigen, was überhaupt mit Mama's Rente ist. Vielleicht mal übers deutsche Konsulat! Vielleicht bekommt Mama etwas davon?
Nun sind die 2 Seiten voll! Vielleicht schreibe ich nochmals dieser Tage. Jedenfalls schreibt uns bald wieder und seid alle, alle recht herzl. gegrüsst von Eurem

Sepp!

[Beifügung von Marie Grunkin und Franz Wrobel]

Herzlichen Gruss Marieli
Ebenfalls herzliche Grüsse erlaubt Franz.

Postkarte von Marie Grunkin

Marie Grunkin
Camp de Gurs (B.-P), Ilot M Bar 6

Camp de Gurs, 28. Mai 1941

Liebe Rosel!
Trotz unserer schweren Lage will ich den Geburtstag unserer kleinen Rosmarie nicht vergessen. Seppi und ich wünschen der Kleinen von Herzen alles Gute, gebe G'tt, dass nicht nur Rosmarie, sondern auch Du liebe Rosel von all dem verschont bleibt, was uns in den letzten Jahren getroffen hat. Gebe der liebe G'tt, dass wir den nächsten Geburtstag unserer lieben Rosmarie gemeinsam feiern dürfen. Wie geht es sonst bei Euch, und was macht Mama? Ist sie gesund und hoffentlich auch etwas ruhiger geworden. Ich danke jeden Tag unserm Herrg'tt, dass sie von hier raus gekom-

men ist. Unsere Lage hat sich in den letzten Wochen sehr verschlechtert. An Seppi und Franz habe ich einen grossen Halt, aber was wird aus uns noch werden. Alles ist so schwer und aussichtslos. Manchmal bin ich ganz verzweifelt.
Liebe Rosel, kannst Du mir nicht als Musterpäckchen etwas Fadenschlag schicken? Wie gerne würden wir mal ein Stückchen Schokolade essen. Seid alle herzlichst gegrüsst und geküsst von uns allen

Mariele

Brief von Josef Grunkin

[undatiert, vermutlich 10. Juni 1941]

Josef Grunkin
Camp de Gurs, Ilot E / B 2

Meine Lieben!
Liebes Rosl!
Ich habe von Seiten des Herrn Fleischmann verschiedene Neuigkeiten gehört, z. B. dass Mama im Krankenhaus sei. Wenn das so ist, dann sei bitte Du darüber nicht verärgert. Mama hat diesen Plan schon hier gehabt. Sie wollte weder Dir noch sonst jemand zur Last fallen. Vielmehr hat sie gesagt, sie will sich ihr Brot auch wenn es sein muss auf ihre alten Tage selbst verdienen. Lass sie machen was sie will. [...] Sei froh, und mache Dir keine Vorwürfe. Vor allen Dingen, Du zusammen mit Deinen Verwandten haben ihre Menschenpflicht erfüllt, Mama aus diesem Elend hier weggebracht zu haben. Auch von Marieli und mir kann ich ruhig sagen, dass wir unsere Pflicht Mama gegenüber hier im Camp jederzeit erfüllt haben, wie das jetzt gar nicht mehr möglich wäre, aus welchem Grunde auch wir froh sind, dass sie nicht mehr hier ist. Verlasse Dich darauf, dass über unserer Familie trotz den vielen

Widerwärtigkeiten, die wir schon erlebt haben, ein guter Stern waltet. Lass Mama tun und lassen was sie will und lass Dich in Deinem Familienleben durch nichts stören, auch wenn es Dir manchmal noch so nahe geht. Nachdem was wir bis jetzt alles durchgemacht und überstanden haben, glaube ich bestimmt, dass wir eines Tages wieder alle beisammen sein werden, auch wenn es jetzt nicht gerade darnach aussieht.
Für Deine kleine Rosmarie noch nachträglich herzl. Glückwünsche zum Geburtstag. Herzl. Grüsse an alle
Dein Sepp!

Für Mama!

Meine liebe Mutter!
Zu Deinem Geburtstag herzl. Glückwunsch! Auch in Deinem neuen Lebens- und Wirkungskreis wünsche ich Dir viel Glück. Hoffentlich bist Du gesund und kannst dich noch nützlich machen zum Segen Deiner Umgebung. Nächstens schreibe ich mal ausführlich, es hat sich hier einiges geändert. Bleibe gesund, und lass mal was von Dir hören. Herzl. Grüsse
Dein böser Sohn Sepp!

Postkarte von Josef Grunkin

Josef Grunkin
Camp de Gurs, Ilot E / Bar. 2
Bass. Pyr.

24. VII. 1941

Meine Lieben,
liebes Rosl!
Wie geht es momentan bei Euch? Habe von Dir schon lange nichts mehr gehört. Was macht Mama, was macht Rosmarie und wie geht es Euch allen so im Allgemeinen? Von Mama bekam ich unlängst einen Brief aus der Maulbeerstrasse 4, in dem sie mir allerhand Vorwürfe macht. Sie wäre unglücklich in Basel zu sein und sie hätte durch ihr Kommen Dich ebenfalls unglücklich gemacht usw. Ich habe ihr geschrieben, sie soll diese Gedanken aus dem Kopf schlagen, und sie soll zu Dir eine Mutter sein, genau so wie Du auch nur das Gute gewollt hast, als Du mit Paul es möglich gemacht hast, dass Mutter nach Basel konnte. In der Zeit, als Mutter von hier fort ist, habe ich mich schon oft gefragt, ob es nicht ein Fehler war, hauptsächlich in Deinem Interesse, Mama nach Basel zu schicken. Aber ich habe nur das Gute gewollt, indem ich glaubte, es sei für Mutter besser, das Ende des Krieges in Basel abzuwarten. Ich würde gerne hoffen, Mama wäre vernünftiger geworden und Ihr kämt jetzt gut miteinander aus. Schreibe mir bitte bald & seid alle herzl. gegrüsst v.

Sepp!

Postkarte von Marie Grunkin

Marie Grunkin
Ilot M Baraque 6, Camp de Gurs
France, Basses Pyrénées

Camp de Gurs 4. August 41

Liebe Rosel!
Es scheint, dass Du unsere beiden Briefe nicht erhalten hast. Auf Deinen letzten Brief haben wir sofort geantwortet und sind bis heute leider ohne Nachricht von Dir, was mich sehr beunruhigt. Hoffentlich ist nichts ernstliches bei Euch vorgekommen.
Was macht Mama, und wie geht es Rosmarie? Hoffentlich hat es sich von seiner Darmkrankheit erholt. Wie geht es Dir? Was macht Paul? [...] Augenblicklich ist bei uns eine grosse Hitze. Wir sind gesund, sonst gibt es nichts zu berichten. Ich habe sehr grosse Sehnsucht nach Euch Lieben und nach der Freiheit. Gebe mir bitte bald ausführliche Nachricht und sei für heute herzlich gegrüsst und geküsst
Marieli.

Brief von Marie Grunkin

Camp de Gurs, 11. August 41

Meine Lieben!
Liebe Rosel – Liebe Mama!
Endlich nach langem Warten erhielten wir wieder Nachricht von Dir! Es scheint, dass Du doch verschiedene Post nicht erhalten hast. So wie Du, liebe Rosel, haben auch wir uns grosse Sorge um Dich gemacht, und wie wir aus Deinem Brief ersehen nicht

unbegründet. Aber liebe Rosel, mag es auch sein wie es will, es wäre für Mama hier kein Leben mehr gewesen. [...] Deshalb müssen wir die Dinge lassen wie sie im Augenblick sind. So wie Du sehne ich mich nach einer Änderung. Glaube mir liebe Rosel, ich kann es Dir nicht in Worten ausdrücken, wie grosse Sehnsucht ich nach Euch meinen Lieben habe, wie lange wird das hier noch dauern und was wird aus uns werden. Wie glücklich würde ich sein, bei Dir sein zu dürfen. Es wäre für Dich leichter und für Mama besser. Aber leider sitzen wir hier und müssen abwarten, was mit uns geschieht.

Gesundheitlich geht es mir soweit ordentlich. Nur habe ich in der letzten Zeit sehr mit den Zähnen zu tun, auch habe wieder ein Geschwür am Kinn bekommen, das leider nicht aufgehen [will], wie das, wo ich zu Hause geschnitten worden bin, hoffe aber, dass es mit diesem nicht so weit kommt. Über das Geld für Porto brauchst Du Dir liebe Rosel keine Sorge zu machen, ich arbeite immer noch in der Nähstube und verdiene uns so viel, dass es für einen Brief an Dich immer reichen wird. Ich kenne es hier nicht anders als wie zu Hause, teile meine paar ffr. mit Seppi und Franz, damit sie sich etwas zum rauchen kaufen, wenn es möglich ist. Mach Dir ja keine Sorgen, weil Du uns kein Geld schicken kannst. Sollte es mal sehr dringend nötig sein, werde ich Dir schreiben, vorerst hast Du für uns und Mama mehr getan als in Deinen Kräften gestanden hat. Wie werden wir dies wieder gut machen können? Deine Muster habe ich erhalten, vielen Dank dafür. Was ich mal sehr gerne möchte wäre eine Zeitung, vielleicht «Sie und Er». Vielleicht kannst Du mir auch mal ein Musterpäckchen schicken. Eine Bekannte hat sehr schöne von dort bekommen. Hoffentlich ist Rosmarie nach Erhalt dieses Briefes wieder wohlauf. Wie gerne möchte ich die Kleine einmal sehen. Spricht sie schon alles, ist sie blond und hat sie ihre schönen Augen behalten? Kannst nicht mal wieder Bildchen schicken, wo die Oma mit drauf ist. Die Insassen der Baracke lassen Mama alle recht herzlich grüssen. Frau Aron sagt, sie habe keinen so guten Tee mehr getrunken wie von ihr. Auch ich, denn ich habe leider keinen. Seppi wird Dir auch schreiben und die genaue Adresse von

Schorsch beilegen. Ich will Dir liebe Rosel jede Woche schreiben, damit wir immer auf dem Laufenden sind.
Viele liebe Grüsse und Küsse an Dich und unsere liebe Mama

Marieli

Brief von Josef Grunkin

Josef Grunkin
Camp de Gurs
182. G.T.E/ Service de ravitaillement

12. Aug. 1941

Mein liebes Rosi!
Habe gestern Deinen Brief erhalten, mit dem ich mich sehr gefreut habe und für den ich Dir herzlich danke.
Um es gleich vorwegzunehmen, so schlimm stand es bis jetzt nicht für mich, dass es mir am Geld für das Porto für einen Brief an Dich gemangelt hätte. Wenn meine Brief auch sehr spärlich sind, so lag das nur daran, dass ich nicht allzuoft Lust zum Schreiben habe oder Dir nichts Neues mitzuteilen weiss. Aber meine neue Adresse wird Dir auffallen. Ich bin jetzt in einer Arbeitskompagnie, zu der man sich freiwillig melden konnte, und arbeite im Verpflegungsamt. Wir verteilen hier die Lebensmittel für das ganze Camp, laden die Camions ab, versorgen die Lebensmittel in den Magazinen usw. Du musst Dir das vorstellen wie ein grosses Lebensmittel- und Gemüse-Magazin. Es gibt manchmal viel zu tun, aber wir haben auch Vorteile, die die Arbeitsleistung auch aufwiegen. Die Verpflegung und Unterkunft sind gut, auch bekommen wir eine kleine Vergütung, über deren Höhe ich allerdings noch nicht genau im Bilde bin, ich glaube 50 Centimes im Tage. Dies ist zwar nicht viel. Ein Brief an Dich (recommandé) kostet 5.- ffr, aber wir bekommen den Tabak z. B. sehr billig, pro

Tag 1/4 Wein und haben bedeutend mehr Freiheit! *Vielleicht* bekommen wir auch Kleidung und Schuhe. Alles in Allem kann ich Dir ruhig mitteilen, dass Du Dir wegen mir *keine* Sorgen machen brauchst. Wenn ich mal ganz nötig etwas brauche, wende ich mich an Dich, aber dies ist momentan nicht der Fall! S'Marilie wird Dir in einem besonderen Brief seine Lage schildern. Franz und ich vergessen es nicht und tun für sie was wir können, wie auch sie für uns vieles tut, ganz besonders bezügl. der Erhaltung unserer Kleider und Wäsche. Auch manchen Franken haben wir schon gegenseitig geteilt! Eins hilft dem Anderen!
Es ist für mich sehr traurig, zu wissen, dass ich Dir das Leben so erschwert habe, dass ich darauf gedrängt habe, dass Mama zu Dir kommen soll. Auch ich habe geglaubt, es wird sich mit der Zeit ein erträgliches Leben anbahnen, aber leider habe auch ich mich anscheinend getäuscht. [...] Ein zurück gibt es nicht mehr! Ich kann Dir leider weder raten noch helfen, sondern muss alles Dir und der Zeit überlassen, und hoffe, dass es Dir gelingt, die Sache einzurenken. Wohl wirst Du sagen, «der hat gut reden», aber es war der beste Weg, sowohl im Interesse von Mama als auch für uns. Ich glaube, in jedem Brief genug hierüber geredet zu haben, und kann leider nichts anderes tun, als die Sache nunmehr Dir zu überlassen, und Dir hierzu viel Glück zum Gelingen zu wünschen. Liebes Rosi, verlass Dich drauf, es kommt auch einmal wieder besser, und dann hat diese Not ein Ende! Nur – die Geduld nicht verlieren.
Frau Juliusberger ist ja jetzt in Basel, lass Dir mal von ihr erzählen, wie es *ihr* hier gefallen hat! Sie hatte nämlich keinen Sepp und kein Marilie hier.
An Rosmarie denke ich oft. Hoffentlich ist sie wieder ganz gesund und gedeiht gut.
Wegen Karl habe ich Mama einen Brief geschrieben. Er hat alles geschickt und auch abgerechnet. Mag sein, dass er uns ein wenig bemogelt hat, aber wir dürfen nicht vergessen, in was für einer Lage er ist, und wir waren ja auch froh, dass er unserer Mutter in Toulouse weitergeholfen hat. [...]
Wegen Schorsch schreibe ich morgen, ebenfalls über die anderen

Fragen aus Deinem Brief, die hier wegen Platzmangel nicht beantwortet werden können. Man kann nur 2 Seiten auf einmal schreiben. Also, auf morgen und viele herzl. Grüsse auch an Mama von Deinem

Sepp!

[Couvertrückseite]
Josef Grunkin
Camp de Gurs
182 G.T.E/Service de ravitaillement

Postkarte von Marie Grunkin

Marie Grunkin
Camp de Gurs, Ilot M Baraque 6
Basses Pyrenées

Camp de Gurs 10. Okt. 41

Liebe Rosel!
Entschuldige, dass ich auf meinen Brief warten liess, aber ich war leider 8 Tage krank an der üblichen Krankheit von hier. Es geht mir aber G'tt sei dank wieder sehr gut. Für Deinen lieben Brief noch recht herzlichen Dank, hat es doch sehr lange gedauert, bis wir wieder etwas von Euch bekommen haben. Aber unter diesen Umständen kann ich Dich liebe Rosel begreifen, dass Du nicht aufgelegt bist zum schreiben, was sollen wir aber tun. Wie gerne wäre ich bei Dir, besonders jetzt wo Du mich doppelt gebrauchen könntest. Zu Deinem Geburtstag wünsche ich Dir alles Gute und Gesundheit. Viele liebe Grüsse u. Küsse

Marieli

Brief folgt.

Brief von Marie Grunkin

Camp de Gurs, 18. März 1942

Meine liebe Rosel
liebe Mama!
Will Dir keine Vorwürfe machen, dass Du mich so lange ohne Nachricht gelassen hast, möchte Dich aber bitten es nicht mehr zu tun, denn weisst Du was es ist, hier in der Einsamkeit ohne Post zu sein. Du kannst Dir das nicht vorstellen, wenn morgens die Post kommt, ich bin voller Erwartung und jedes Mal war ich enttäuscht, nichts von Dir zu bekommen. Hätte ich das Geld gehabt, hätte ich schon längst ein Telegramm geschickt. Nachdem ich aber Deinen lieben Brief erhalten habe, war alles wieder gut. Seppi und ich haben uns sehr damit gefreut.
Liebe Rosel ich kann Dir nicht sagen, wie meine Gedanken in den letzten Wochen nur bei Dir waren. Nachts konnte ich keine Ruhe mehr finden, immer dachte ich an Dich und das kommende Kind. Hoffentlich ist alles gut gegangen und Du und das Kind sind gesund. Bei unserer kleinen Rosmarie konnte ich nicht bei Dir sein und jetzt auch nicht. Ich muss Dir heute gestehen, dass ich mir habe Karten legen lassen, um zu wissen ob alles gut geht. Gebe ja nichts auf solche Sachen, aber die Sehnsucht und die Ungewissheit hat mir keine Ruhe gelassen.
Dass Mama gesund und zufrieden ist, ist gut, weiss ich doch, dass es für Dich nicht einfach war und ist. Aber auch hier wäre für Mama keine Bleibe gewesen. Haben wir doch einen sehr strengen und harten Winter hinter uns. Es war sehr traurig und trostlos. Jetzt scheint die Sonne wieder und man schaut die Welt wieder mit ganz anderen Augen an. Hast Du nicht wieder mal ein paar Bildchen von Mama, Rosmarie und Dir? [...] Seppi und ich sind G. s. D. gesund. Ich selbst arbeite nicht mehr in der Nähstube, sondern bei einer französischen Familie 2 bis 3 mal in [der] Woche im Haushalt und bekomme dafür etwas zu essen. Nähe auch noch, aber auch nur für essen, da ich mir für Geld nichts kaufen kann. Nun liebe Rosel hätte ich 2 Wünsche. Für den Sommer habe ich

doch nichts anzuziehen, und in Zürich gibt es eine Organisation *Osé* [Jüdisches Hilfswerk Œuvre de secours aux enfants, OSE], die die Sachen hierher befördert. Habe auch keine Unterwäsche mehr, kein Stopfgarn und Faden. Mama weiss ja, dass ich nur mit dem, was ich auf dem Körper gehabt habe, hierher gekommen bin. In der Zwischenzeit habe ich mir ja Kleinigkeiten gemacht, denn ich kann ja nicht nackt gehen. Erkundige Dich mal und gib mir Bescheid.

Du weisst liebe Rosel, es ist bald Pessach, und ich hätte so gerne ein paar Mazzen gehabt, denn im vergangenen Jahr sind auch aus der Schweiz hierher gekommen, aber nur wenn es Dir keine grossen Unkosten macht.

Für heute will ich schliessen und hoffe, dass ich sofort Antwort von Dir bekomme.

Es grüsst und küsst Dich liebe Rosel ganz besonders, Mama, Rosmarie auch Paul

von Seppi, Franz und Mariele.

Achte auf die neue Adresse.

[Couvertrückseite]
Marie Grunkin Camp de Gurs Ilôt Jo Baraque 8 B.P. France

Brief von Marie Grunkin

Camp de Gurs, 30. März 1942

Meine liebe Rosel!
Mit grosser Freude und Ungeduld habe ich am 28. d. M. Deine liebe Karte erhalten und war froh zu hören, dass Du und die Kleine gesund sind. Muss Dir gestehen, dass ich im Stillen darauf gewartet habe, und freute mich sehr, dass ich nun unverhofft doch Gotti [Patin] geworden bin. Es ist sehr traurig, dass ich mich in

solcher Lage befinde, wo ich weder für Dich, liebe Rosel, noch für mein Gottekind etwas tun kann. Auf Deiner Karte schriebst Du, immer könnte dieser Zustand nicht dauern, aber wann wird dies sein? Warst Du in der Klinik, und ist Paul bei Dir gewesen? Was sagt denn die Grossmutter zu ihrer neuen Enkelin? Seppi freute sich mit mir, und er wünschte, dass es bei mir auch bald mal so weit wäre, aber ich fürchte, wenn es mal so weit kommt, zu spät ist für mich.

In der Zwischenzeit wirst wohl meinen Brief und die Karte von Franz erhalten haben. In meinem Brief hast Du so verschiedene Wünsche von mir gefunden, schreibe mir, was Du darüber denkst. Franz schrieb Dir, dass ich den Koffer von Mama gebrauchen könnte, weil ich den Koffer, den ich habe, Seppi geben muss, da beide von hier fort kommen. Kannst Du Dir vorstellen, was das für mich bedeutet, Seppi und Franz fort und ich allein hier im Lager. Das Weggehen hat sich nun um einige Wochen verschoben und wer weiss, was bis dahin sein wird. Aber den Koffer müssten wir trotzdem haben, vielleicht kanst Du mir dann im Koffer etwas beilegen und schicken. [...] Übermorgen ist der erste Sederabend, und ich denke an unsere Sederabende mit der lieben Mama und unserem lieben seligen Papa. Was hat sich in dieser Zeit alles ereignet, was haben wir mitmachen und leiden müssen. Sei mir nicht böse, dass ich zurück denke, aber in diesen Tagen sind meine Gedanken ganz besonders bei Euch Lieben, und das Heimweh macht sich sehr merkbar.

Will nun schliessen, damit der Brief heute noch an Dich abgeht. Wünsche Dir und dem Vreneli alles Gute und verbleibe mit lieben Grüssen, ganz besonders an die liebe Mama, da die Feiertage für sie auch nicht einfach sein werden

Marieli

Brief von Josef Grunkin

Josef Grunkin
182 te G.T.E., Camp de Gurs

30. März 1942

Mein liebes Rosl,
lieber Paul!
Mit Freuden vernahm ich die Kunde von der Geburt Eures kleinen «Vreneli»!
Hierzu sage Euch meine herzlichsten Glückwünsche und hoffe gerne, dass sowohl «Mutter» als auch «Kind» wohlauf sind!
Dir liebes Rosl wünsche ich baldigste Genesung und dass Du recht viele Freuden in einer hoffentlich bald besseren Zukunft mit Deinen Lieben erleben kannst.
Was sagt denn Rosmarie zu seinem neuen Schwesterlein? Und die Grossmütter?
Lasst bald etwas von Euch hören und legt nach Möglichkeit die Zeitung mit dem Auszug aus dem Standesamtsregister bei.
Euch allen, auch den Grossmüttern herzliche Grüsse

Euer Sepp

Brief von Marie Grunkin

Sonntag, 31. Mai 1942

Meine Lieben!
Nach langem vergeblichen Warten auf Nachricht von Dir muss ich Dich doch bitten, mich nicht immer so lange auf die Folter zu spannen. Du weisst ja nicht, was es für mich bedeutet, täglich vergebens auf Post von Dir zu warten. Warum eigentlich? Denkst Du so wenig an Seppi und mich? Für eine Postkarte findet man

doch immer Zeit. Wie geht es Mama und Dir? Was machen Vreneli und Rosmarie? Zu Rosmaries Geburtstag gratuliere ich recht herzlich. Auch zu Mamas Wiegenfest wünsche ich ihr alles Gute und Gesundheit, gebe der liebe G"tt, dass wir im nächsten Jahr alle beisammen sind. Dies wäre mein grösster und sehnlichster Wunsch. Du kannst es vielleicht nicht verstehen liebe Rosel, aber in letzten Wochen lebe ich in einem Zustand, der geradezu schrecklich ist. Bin geplagt von Heimweh und Sehnsucht. Heimweh! Wohin? Sehnsucht nach Mama, Dir und den Kindern. Wann wird es für uns wieder die Freiheit geben? Seppi, Franz und ich, wir drei haben ein wunderbares Verhältnis, aber leider nimmt auch dies bald ein Ende. Seppi und Franz kommen von hier fort. Franz schon in den nächsten Tagen, G"tt sei dank in die Nähe, wo er mich vielleicht ab und zu mal besuchen kann. Für Seppi ist es noch unbestimmt. Liebe Rosel, ich habe an Dich eine Bitte, aber bitte gleich ausführen, denn es kann für mich von grossem Nutzen sein. Besorge mir von Lörrach 2 Geburtsscheine, 2 Leumundszeugnisse, dasselbe auch für Franz, oder sämtliche Papier zum Heiraten. An beifolgende Adresse schreibst Du für Franz, und diese Dame möchte in Mannheim für Franz die Heiratspapiere besorgen. Nun muss ich Dich noch um etwas bitten. Wir sitzen ohne Geld. Verkaufe mir meine Uhr, was Du dafür bekommst ist gut, und schicke mir das Geld hierher. Wir brauchen es nämlich sehr nötig. [...]
Für heute seid alle recht herzlich gegrüsst und geküsst
                                                                     Mariele.

[Rückseite]
Besorge und erledige alles und gib mir gleich Nachricht
Mariele.

Die Adresse für Franz ist
Frau Else Steidel, Mannheim, C. 7. 6.

Diese Dame möchte die Papiere für Franz besorgen.

Postkarte von Josef Grunkin

Jos. Grunkin
Chez M. Lambert, Boucherie
Gan B. P.

17. VI. 1942

Meine Lieben!
Liebes Rosl!
Du wirst staunen, von mir aus Gan und nicht aus dem Camp Post zu bekommen. Seit gestern bin ich auf Grund eines Arbeitsvertrages hier in Gan als landwirtschaftlicher Arbeiter angestellt. Franz arbeitet ebenfalls seit vergangenen Montag als Metzger in der Freiheit. Die Kompagnie, die im Camp ihren Standort hatte, kommt in den nächsten Tagen weg, irgendwohin in Frankreich, und Franz und mir ist es gelungen, Privat-Arbeitsverträge in der Nähe vom Camp zu bekommen. Marilie ist jetzt allein im Camp, jedoch wollen wir versuchen, ihr irgendwie zu helfen, sei es durch Pakete oder Geld oder auf irgend eine Art. Sie wartet schon seit langem auf Post von Dir und ist deswegen in Unruhe. Sie meint immer, es wäre etwas nicht in Ordnung. Hat Mama meinen Brief erhalten? Wie geht es Dir eigentlich und Deinen Kindern? Was macht Paul und Fam. Schäublin? Schreibe mir hierher nach Gan bei Pau, das geht schneller!
Euch allen viele Grüsse
Euer Sepp!

Postkarte von Marie Grunkin

Marie Grunkin
Camp de Gurs, Ilot Jo Baraque 8
B. P. France

Dienstag, 26. Juni 1942

Meine liebe Rosel!
Für Deinen lieben Brief recht herzlichen [Dank]. Hat es doch wieder 3 Monate gedauert, bis ich von Dir wieder Nachricht bekommen habe. Aus Deinem Schreiben ersehe ich, dass bei Dir nicht alles so ist wie es sein soll. Wie gerne möchte ich Dir vieles abnehmen und helfen, leider bin ich aber nicht in der Lage. Seit 14 Tagen bin ich hier allein. Seppi und Franz sind weg gekommen. Was dies für mich ist, wirst Du Dir wohl denken können. Dass es für Dich sehr schwer ist etwas zu schicken, weiss ich, deshalb bat ich Dich, etwas von meinen Sachen zu verkaufen. Habe aber einen Wunsch. Schicke mir ein paar Maschinennadeln «Flachkolben». Dies müsste aber sehr schnell sein, da ich sie nötig brauche.
Brief folgt
Liebe Grüsse

Marieli

Brief von Marie Grunkin

Donnerstag, 9. Juli 1942

Meine liebe Rosel!
Endlich folgt nun der angekündigte Brief auf meiner letzten Karte. Wie geht es bei Euch? Was machen die Kinder und Mama? Sie hat durch Frau Strauss anfragen lassen, warum ich nicht schreibe.

Seppi und ich haben ihr doch zu ihrem Geburtstag geschrieben, aber von ihr bekommen wir nie ein paar Zeilen, auch nicht durch Dich liebe Rosel. Durch die Karte und Seppi wirst Du wohl gehört haben, dass ich nun leider allein hier bin, und was dies für mich bedeutet, wirst Du sicher verstehen können. Es ist sehr traurig, wenn man keinen Menschen hat, mit dem man sich aussprechen kann. Wussten wir leider nicht, wie schön wir es hatten, als wir noch zusammen sein konnten. Oft gibt es Tage, die schwer, voller Kummer und Sorgen sind, aber zusammen mit seinen Lieben erträgt man alles viel leichter. Siehst Du liebe Rosel oft wenn ich am Verzweifeln war, kommt als wieder ein Lichtblick, und so auch heute, denn vom lieben Franzl erhielt ich heute die Nachricht, dass er Genehmigung bekommen hat, um mich zu besuchen, worüber ich mich sehr gefreut habe. Hoffentlich bekommt es der Seppi auch. Freud und Leid gleicht sich immer ein bisschen aus. Hast Du noch nichts von unseren Papieren gehört? Schreibe doch bitte nochmal und schreibe, dass es sehr dringend wäre, zum Auswandern. Viele meiner Kameradinnen sind von hier weg gekommen. Hat man sich doch in der langen Zeit des Zusammenlebens sehr aneinander gewöhnt und lieb gewonnen, dass einem das Scheiden verschiedener sehr schwer geworden ist. Was mit mir noch sein wird, weiss ich nicht. Hoffentlich darf ich in der Nähe meiner Lieben bleiben. Ist es für Franzl und Seppi nur ein Katzensprung, um zu mir zu kommen. Wann wird der Tag kommen, wo ich Euch wieder einmal sehen darf?
Lege Dir ein Bild bei, das wir beim Weggehen von Seppi und Franzl gemacht haben.
Lass mich bitte nicht lange auf Antwort warten und verbleibe mit innigsten Grüssen an Dich, Mama und die lieben Kinder Euer

Marieli

Postkarte von Marie Grunkin

Mlle. Marie Grunkin
Ilot Jo B. 8, Camp de Gurs
France B. P.

29. VII. 42

Meine liebe Rosel!
Von einem Tag zum andern warte ich vergeblich auf Post von Dir. Warum? Ich kann mir nicht denken, dass irgendwelche Unstimmigkeiten zwischen uns sind. Meine angeforderten Papiere wirst Du wohl nicht erhalten haben, was ja nach allen Ereignissen vorauszusehen war. Leider müssen wir uns damit abfinden, und dieser Zustand wird auch nicht ewig dauern.
Wie geht es bei Euch? Was macht Mama und die Kinder? Hast Du meinen Brief mit Bild erhalten? In letzter Zeit habe ich viel Kummer, habe ich doch niemand mehr hier, mit dem ich mich aussprechen kann. Jeden Tag erwarte ich den Besuch von Seppi. Franz war vor 14 Tagen bei mir. Hoffe bald Nachricht von Dir zu haben und sei herzlichst gegrüsst vom

Marieli

Postkarte von Josef Grunkin

Jos. Grunkin
C/ Gaston, Jean Marie
Viellesegure, Ct. Lagore

Viellesegure, 9/8/42.

Mein liebes Rosl!
Ich muss Dir eine unangenehme Mitteilung machen. Vergangene

Woche wurde Camp de Gurs geräumt. Alle kamen fort, auch unser Marilie! Wohin weiss bis jetzt niemand. Es ist möglich, dass Du im Laufe dieser Tage von Marilie Nachricht bekommst, und ich möchte Dich dringend bitten, mir *sofort* zu schreiben, genau so wie ich Dir sofort schreiben werde, wenn ich Näheres von Marilie weiss! Ich bin hier bei einem Bauer, und es geht mir so weit gut. Franz ist auch in der Nähe. Meine genaue Adresse ist:
Josef Grunkin chez Msr. Gaston, Jean Marie
Viellesegure Canton Lagore, Bass. Pyr.

Wie geht es bei Euch, was macht Mama?
Allen herzl. Grüsse!

Sepp!

Postkarte von Josef Grunkin

Jos. Grunkin
(Frankreich) France
avant chez Gaston
Viellesegure, Ct. Lagore

Mittwoch, 25/8/42

Meine Lieben!
Mama & Rosl!
Gestern, Dienstag 24/8/42 wurde auch ich für die Reise eventuell nach dem Osten abgeholt. Im Augenblick kann ich allerdings noch gar nichts sagen. Wenn ja, dann hoffe ich zu Marilie zu kommen, und insofern bin ich gar nicht traurig. Wenn einigermassen möglich, werde ich Euch auf dem Laufenden halten. Hoffet auf ein baldiges Wiedersehen und keine Angst!
Herzl. Grüsse

Euer Sepp!

> Meine liebe Rosel!   29./VII. 42.
>
> Von einem Tag zum andern warte ich vergeblich auf Post von Dir. Warum? Ich kann mir nicht denken, dass irgendwelche Unstimmigkeiten zwischen uns sind. Meine angeforderten Papiere wirst Du wohl nicht erhalten haben, was ja nach allen Ereignissen vorauszusehen war. Leider müssen wir uns damit abfinden und dieser Zustand wird auch nicht ewig dauern. Wie geht es bei euch? Was macht Mama und die Kinder? Hast Du meinen Brief mit Bild erhalten? In letzter Zeit habe ich viel Kummer, habe ich doch niemand mehr hier, mit dem ich mich aussprechen kann. Jeden Tag erwarte ich den Besuch von Seppi. Franz war vor 14 Tagen bei mir. Hoffe bald Nachricht von Dir zu haben und sei herzlichst gegrüsst von Marieli.

Letzte Postkarte von Marie Grunkin aus dem Camp de Gurs an ihre Schwester Rosa, 29. Juli 1942.

Letzte Postkarte von Josef Grunkin aus Viellesegure, einem Dorf in der Nähe von Gurs, an seine Angehörigen in der Schweiz, 25. August 1942.

Das Ende

Dies waren die letzten Nachrichten, die Rosa Grunkin von ihren Geschwistern erhielt. Niemand wusste zu diesem Zeitpunkt, welches Los die Deportierten im Osten erwartete – selbst in Gurs und in Drancy, dem Pariser Sammelgefängnis, wusste man im August und September 1942 noch nichts von den Vernichtungslagern. Die von Radio London verbreiteten Schilderungen der Gaskammern schienen so monströs, dass man sich weigerte, sie zu glauben.[140]
Zwar berichteten die Zeitungen von den Massendeportationen der jüdischen Insassen aus den Internierungslager von Gurs, Vernet und Rivesaltes. Rosa Grunkin hat bis zum heutigen Tag, zusammen mit den Briefen ihrer Geschwister, einen Zeitungsausschnitt aufbewahrt, in dem es heisst: «Bis Ende August sollen 10'000 nach dem Osten abtransportiert werden; jetzt sind schon 3'600 unterwegs. Greise, Kranke, Verwundete, Geistesgestörte, auch Frauen und Kinder bis zu fünf Jahren hinunter sind wahllos in Züge hineingestopft worden. [...] Nun haben die Quäker eine Sammlung eingeleitet, um wenigstens Lebensmittel für die nächsten Züge zu besorgen. Aber dies ist nur ein Tropfen auf den heissen Stein des Elends, das diese Ärmsten erleiden.»[141]
Franz Wrobel, der ebenfalls vergeblich auf Nachricht von Josef und Marie wartete, setzte sich mit Rosa Grunkin in Verbindung, voller Hoffnung, dass sie vielleicht etwas von ihren Geschwistern gehört hatte. Er war offenbar der Deportation entgangen – es kann sein, dass der Vermerk auf seiner Lagerkarteikarte «1/2 juif» ihn vor der Auslieferung bewahrte.[142] In einem Brief vom 21. September 1942 schreibt er aus Navarrenx, einer kleinen Stadt in der Nähe von Gurs: «Nun zu Ihren Zeilen, stimmt es mich doch sehr traurig, von Marili und Seppi nichts erfahren zu können, zumal ich jetzt einsam und verlassen hier bin. Keinen Menschen zu besitzen, die, die man liebgewonnen, verliert man auf so eine Art und Weise, das ist sehr bitter für mich. Von meiner lieben Mutter höre seit 6 Monaten auch gar nichts. Vielleicht ist sie auch in Polen. Wenn man nachgrübelt,

könnte man verrückt werden, aber ich reisse mich zusammen und denke an Marili und Seppi, die es doch viel schwerer als ich haben. [...] Ist dieser unselige Krieg mal zu Ende und ich mit Marili verheiratet, so wird sich ein Weg für die Zukunft schon finden. Denn die Sache mit Marili gebe ich nicht auf, dafür habe ich sie viel zu sehr liebgewonnen. Die Zeit im Camp kann man als doppelt anrechnen und könnte ich keine bessere Lebensgefährtin mir wünschen. [...] Grüssen Sie mir bitte noch Ihre liebe Mutter, und es muss noch alles gut werden.»[143]

Doch zu diesem Zeitpunkt war Marie Grunkin schon tot. Der Transportzug, mit dem sie am 6. August 1942 von Gurs abtransportiert worden war, fuhr direkt nach Drancy bei Paris. In diesem riesigen Transitlager wurden alle Menschen gesammelt, die nach Auschwitz und in die andern Vernichtungslager der Nazis deportiert wurden. Am Morgen des 10. August setzte sich der 17. Transportzug vom Bahnhof Le Bourget/Drancy in Richtung Auschwitz in Bewegung – in den verschlossenen Wagen befanden sich die 1000 deportierten Juden aus dem Lager Gurs, 525 Frauen und 475 Männer. Auf der Transportliste steht Marie Grunkins Name. Nach der Ankunft in Auschwitz wurden 140 Männer und 100 Frauen «ausgesondert», mit Nummern gezeichnet und registriert. Alle andern – 766 Menschen – wurden sofort vergast.[144] Marie Grunkin war unter ihnen.

Das Leid dieser letzten Tage und Stunden zu ermessen, liegt ausserhalb unserer Vorstellungskraft.

Für Josef Grunkin, der am 1. September 1942 aus Gurs abtransportiert worden war, dauerte die Leidenszeit sehr viel länger. Mehr als zweieinhalb Jahre lang musste er die Hölle der Konzentrationslager erleiden. Aus Archiven und Dokumenten kennen wir die Stationen seines Leidens: Er wurde nach seiner Ankunft in Auschwitz in das Zwangsarbeitslager Sakrau überstellt, später in das Zwangsarbeitslager Blechhammer. Am 1. April 1944 kam er erneut nach Auschwitz und wurde dort in die Gefangenenliste eingetragen. Nach weiteren acht Monaten, am 1. Dezember 1944, wurde er ins Konzentrationslager Buchenwald transportiert und dort in das Kommando Langensalza eingeteilt. Als das Lager Buchenwald am 11. April 1945 von den Amerikanern befreit wurde, fand sich sein Name nicht bei den

Überlebenden. Ob er zu den 38'000 KZ-Häftlingen gehörte, die vom 7. bis 10. April 1945 von den Nationalsozialisten aus dem Lager Buchenwald auf die Todesmärsche und Todestransporte in Richtung des Konzentrationslagers Dachau getrieben wurden, lässt sich nicht feststellen. Josef Grunkin wurde am 31. Dezember 1945 für tot erklärt.

Das sind Zahlen, Daten, Fakten, die sich in Archiven und Dokumenten finden.[145] Aber was Josef Grunkin in dieser Zeit an unvorstellbarer Gewalt, Erniedrigung, Quälerei und Menschenverachtung erdulden musste, was er erlitt, er, der so mutig seinen Weg in den Osten angetreten hatte, das wissen wir nicht.

Anmerkungen

1 Das Gespräch fand am 9. Juli 1996 statt. Es ist unter dem Titel «Verweigerte Aufnahme» und dem Pseudonym A. A. aufgezeichnet in: Seiler, Lukrezia/ Wacker, Jean-Claude: «Fast täglich kamen Flüchtlinge», Riehen 1996, 77–80. – Rosa Schäublin-Hrunkin wird im folgenden Text stets mit ihrem Mädchennamen Rosa Grunkin genannt. Der ursprünglich russische Familienname «Hrunkin» wurde in Deutschland «Grunkin» geschrieben.
2 Nicht alle Briefe, welche Marie und Josef Grunkin aus dem Lager Gurs an ihre Schwester Rosa in Riehen geschrieben haben, sind in der Schweiz eingetroffen – einige gingen verloren, wie sich aus dem Zusammenhang ergibt, oder wurden vielleicht schon im Lager von der Zensur beschlagnahmt. Die Briefe werden hier mit Ausnahme einiger weniger persönlicher Briefstellen vollständig wiedergegeben. Störende Orthographiefehler und fehlende Satzzeichen wurden korrigiert. Einige wenige Erklärungen der Herausgeberin stehen in eckigen Klammern; Hervorhebungen im Original werden kursiv gesetzt. Aufgrund der Handschriften konnten die Briefe und Karten eindeutig Marie oder Josef Grunkin zugeordnet werden.
3 Laharie, Claude: Le Camp de Gurs 1939–1945, Biarritz 1993 (2. Auflage).
4 Übersetzung der Geburtsurkunde. Privatarchiv Grunkin.
5 StABS, AK 22309.
6 Militärisches Entlassungsdokument vom 20. 8. 1899. Privatarchiv Grunkin.
7 Aufenthaltskontrolle V (1904) 8871, StABS. In der Aufenthaltskontrolle wird vermerkt: «Hrunkin Wulf, sprich Grunkin.» Das Geburtsjahr wird hier mit 1875 angegeben.
8 Aufenthaltskontrolle V (1904) 8727 und A NL 35667, StABS.
9 Adressbücher Lörrach 1908, 1920, 1926, 1932. StadtA Lö.
10 Brief von Georg Grunkin an die Fremdenpolizei Basel vom 8. 10. 1935. StABS PD-Reg 3, 22309.
11 Laut Gesuch um Erteilung einer Einreisebewilligung in die Schweiz vom 9. 12. 1940. StABS PD-Reg 3, 24022.
12 Laut Schreiben vom 5. 10. 1957 der Vereinigung der Verfolgten des Naziregimes an Landgericht Freiburg. Privatarchiv Grunkin.
13 Geburtsregister A von 1908, Nummer 62 «Hrunkin, Joseph», geb. Basel, Frauenspital, 1908 Januar 7. StABS, Civilstand L 1, 1908.
14 Gespräche mit Rosa Grunkin, 1999/2000.
15 Gespräche mit Herta Sauerbeck-Winter (10. 4. 2000), Willi Leng (13. 4. 2000) und Herbert Wagner (10. 4. 2000).
16 Gespräche mit Willi Leng und Herbert Wagner.
17 Gespräche mit Rosa Grunkin, 1999/2000. – Schabbes: jiddisch für Sabbat; Berches-Zopf: Brotzopf, den man am Vorabend des Sabbat anschneidet; Jom Kippur: Versöhnungstag; Sederabend: erster Abend des Pessach, des Festes zur Erinnerung der Befreiung der Juden aus Ägypten; Haggada (schel Pessach): Erzählung des Auszugs des israelitischen Volkes aus Ägypten.

18 Brief von Marie Grunkin aus Gurs an Rosa Grunkin vom 30. 3. 1942. Privatarchiv Grunkin.
19 Brief von Georg Grunkin an die Fremdenpolizei Basel vom 8. 10. 1935. StABS PD-Reg 3, 22309.
20 Sauer, Paul: Dokumente über die Verfolgung der jüdischen Bürger in Baden-Württemberg durch das nationalsozialistische Regime 1933–1945, II. Teil, Stuttgart 1966, 96ff.
21 Laut Gesuch um Erteilung einer Einreisebewilligung in die Schweiz für Fanny Grunkin vom 9. 12. 1940. StABS PD-Reg 3, 24022. Der für Staatenlose gültige Fremdenpass des Deutschen Reiches für Fanny Grunkin war am 8. 6. 1934 in Lörrach ausgestellt worden. StABS AK 24022.
22 Gespräche mit Rosa Grunkin, 1999/2000.
23 Ebd.
24 Gemäss Angaben seines Schwagers Paul Schäublin war er im Dezember 1938 noch «in einem jüdischen Geschäft als Angestellter tätig». Vgl. Bericht des Quartierschreibers K. an den Chef der kant. Fremdenpolizei Basel vom 21. 12. 1938. StABS PD-Reg 3, 24022.
25 Mitteilung von Karl Heimschs Neffen Heinz Massatsch, der das Geschäft bis 1961 leitete.
26 Ausführlich dazu siehe Seit 42ff.
27 Gespräch mit Willi Leng, 13. 4. 2000.
28 Gespräch mit I. Z., 15. 5. 2000.
29 Göckel, Wolfgang: Lörrach im Dritten Reich. In: Das Markgräflerland, Heft 2, Schopfheim 1990, 38, 55f.
30 Meldezettel, 4. 10. 1935. StABS PD-Reg 3, 22309. Charles Nordmann, Kornhausgasse 8, wird darin als Gastgeber genannt.
31 Brief von Georg Grunkin an das Polizeidepartement, Abtlg. Fremdenpolizei, Basel vom 8. 10. 1935. StABS PD-Reg 3, 22309. Alle in diesem Kapitel erwähnten Akten, welche Georg Grunkin betreffen, befinden sich im gleichen Dossier. – Im Bundesarchiv Bern finden sich keine Akten betr. Georg Grunkin.
32 Die Nürnberger Gesetze wurden am 15. 9. 1935 erlassen; die Überstellung von Georg Grunkin ins Konzentrationslager Kislau erfolgte offenbar kurz darauf.
33 Wacker, Jean-Claude: Humaner als Bern! Schweizer und Basler Asylpraxis gegenüber den jüdischen Flüchtlingen von 1933 bis 1943 im Vergleich, Basel 1992, 71.
34 Toleranzbewilligung: Vorläufige und befristete Aufenthaltsbewilligung, vor allem für staatenlose Ausländer, zumeist Flüchtlinge. Mitteilung von Guido Koller, Schweizerisches Bundesarchiv Bern.
35 Das Basler Polizeidepartement stand seit dem Frühjahr 1935 unter der Leitung des Sozialdemokraten Fritz Brechbühl, der mit den lokalen Flüchtlingsorganisationen zusammenarbeitete und jenen Flüchtlingen gegenüber, die sich bereits im Landesinnern befanden, eine tolerantere Haltung einnahm als die Bundesbehörden. Wacker, 79ff.
36 Seiler/Wacker, 79.
37 Schreiben der Eidg. Fremdenpolizei Bern an die Kantonale Fremdenpolizei Basel, 10. 6. 1936. Alle in diesem Kapitel genannten Akten, welche Fanny,

Rosa, Marie und Josef Grunkin sowie Paul Schäublin betreffen, befinden sich im Basler Staatsarchiv im Dossier StABS PD-Reg 3, 24022. – Im Bundesarchiv Bern befinden sich keine Akten über diese Personen.
38 Unabhängige Expertenkommission Schweiz – Zweiter Weltkrieg: Die Schweiz und die Flüchtlinge zur Zeit des Nationalsozialismus, Bern 1999, 57.
39 Der genaue Wortlaut dieser Erklärung lautet: «Ich verbürge mich als Schweizer und Basler Kantonsbürger mit voller Verantwortlichkeit dafür, dass Fräulein *Rosel Grunkin* (staatenlos), Loerrach, Karlstrasse 32, nach Bewilligung des Grenzübertrittes *niemals und in keiner Weise den schweiz. Arbeitsmarkt belasten wird.*» (Hervorhebung im Original)
40 Seiler/Wacker, 78.
41 Sauer, Dokumente, I. Teil, 147.
42 Verzeichnis der jüdischen Gewerbebetriebe in der Stadt Lörrach 1938. StadtA Lö. HA 1899a.
43 Göckel, 64. Dort Zitierung folgender Ausnahmeregelung für all jene Gewerbetreibende, ««die in Ausübung ihres Berufs in unmittelbare körperliche Berührung mit dem Besteller kommen und deren Tätigkeit einem deutschblütigen Gewerbetreibenden im Auftrag einer jüdischen Person nicht zugemutet werden kann – so Bestattungsunternehmer, Friseure, Schneider.»»
44 Irrtümliche Angabe: Fanny Grunkin und ihre Kinder wurden im Sommer 1934 ausgebürgert, siehe Anmerkung 21.
45 Die als Sicherheit für eventuelle Kosten des Staates eingeforderten Kautionen wurden von den Behörden angelegt, regelmässig verzinst und dem Kautionsgeber vollumfänglich zurückbezahlt, falls dem Staat durch den Aufenthalt eines Flüchtlings in der Schweiz keine Kosten erwachsen waren. Siehe Korrespondenz Paul Schäublin mit der Kantonalen Fremdenpolizei Basel-Stadt, 1942–1950. StABS PD-Reg 3, 24022.
46 Brief von Josef Grunkin an Paul Schäublin vom 6. 1. 1939. Er befindet sich mit weiteren 10 Briefen und Brieffragmenten, welche Marie und Josef Grunkin vor der Deportation am 22. Oktober 1940 geschrieben haben, im Privatarchiv Grunkin.
47 Karte von Marie Grunkin vom 4. 6. 1939. Privatarchiv Grunkin.
48 Brieffragment von Josef Grunkin an Rosa Grunkin, undatiert, vermutlich nach Februar 1940. Privatarchiv Grunkin.
49 Sauer, Schicksale, 137ff.
50 Brief von Josef und Marie Grunkin vom 12. 7. 1939. Privatarchiv Grunkin.
51 Brief von Josef Grunkin vom 12. 2. 1940. Privatarchiv Grunkin.
52 Siehe Antwortschreiben des Konsulats der UdSSR in Deutschland vom 2. Oktober 1940. Privatarchiv Grunkin.
53 Brieffragment von Josef Grunkin an Rosa Grunkin, undatiert, vermutlich nach Februar 1940. Privatarchiv Grunkin. – Nach dem damaligen Dollarkurs waren das ungefähr Fr. 2650.–. Paul Schäublin, der über ein Monatseinkommen von knapp Fr. 450.– verfügte, konnte das Geld nicht aufbringen, und andere Geldgeber wurden nicht gefunden.
54 Brief von Marie Grunkin vom 9. 3. 1940. Privatarchiv Grunkin.
55 Brief von Marie Grunkin vom 16. 6. 1940. Privatarchiv Grunkin.
56 Das Wort Gott wird nach jüdischem Glauben nicht ausgeschrieben.

57 Brief von Marie Grunkin vom 19. 8. 1940. Privatarchiv Grunkin. – Georg Grunkin kämpfte in seinen ersten Emigrationsjahren mit grossen Schwierigkeiten, sich ein neues Leben aufzubauen.
58 Rosch-Haschana = der jüdische Neujahrstag.
59 Brief von Marie Grunkin vom 7. 10. 1940. Privatarchiv Grunkin.
60 Seiler/Wacker, 78.
61 Sauer, Schicksale, 268ff. – Sauer, Dokumente, II. Teil, 232ff.
62 Eine ausführliche Geschichte der Lörracher Juden von 1650–1922 verfasste Alfred Bloch in den Dreissigerjahren. Bloch, Alfred: Aus der Vergangenheit der Lörracher Juden. In: Unser Lörrach 10, 11, 12. – Erst im Jahre 1995 wurde in Lörrach wieder eine Israelitische Kultusgemeinde gegründet.
63 Friedrich Weinbrenner (1766–1826), Karlsruhe, Architekt, Badischer Landbaumeister.
64 Ruprecht, Henriette: Geschichte des deutschen Judentums – Geschichte der Lörracher Juden. Zulassungsarbeit der Pädagogischen Hochschule. Typoskript. Lörrach 1969, 40. StadtA Lö, PH Zulassungsarbeit ZA 60.
65 Bloch, in: Unser Lörrach 12 (1981), 158.
66 Oberländer Bote, Lörrach, 1. 4. 1933.
67 Sonderbefehl 1/33 des Führers der Standarte 142 der S.A. der N.S.D.A.P. und Standort-Befehl, 30. 3. 1933. StA Freiburg, G 17/1 Nr. 3682.
68 Wolfgang Göckel hat in seiner Schrift «Lörrach im Dritten Reich» den raschen Aufstieg der NSDAP in Lörrach, die Beherrschung des täglichen Lebens durch die Partei und das Verhalten der Lörracher Bevölkerung ausführlich dargestellt.
69 Zeitungsausschnitt, o. D. Privatarchiv Rudi Ortlieb, Lörrach.
70 Brief der Deutschen Glaubensbewegung, Ortsgemeinde Lörrach, vom 7. 9. 1937 an Robert und Emilie Ortlieb, Lörrach. Privatarchiv Rudi Ortlieb.
71 Notiz der Lehrerkrankenkasse auf einer Rechnung von Dr. S. Moses an Friedrich Kuhn, Hauptlehrer in Lörrach, vom 31. 12. 1937: «Weitere Besuche von Juden müssten wir dem Min. [Unterrichtsministerium] melden. Angestellte werden dafür fristlos entlassen.» Abgedruckt in: Bosch, Manfred: «... dass Macht nicht gleich Recht sei.» In: Rheinfelder Geschichtsblätter Nr. 5, Rheinfelden 1995, 7.
72 Tagebucheintrag A. Z., 19. 7. 1938, und Gespräch mit I. Z., 15. 5. 2000.
73 Anklage im Synagogen-Prozess, Abschrift, 22. 1. 1947. StadtA Lö HA 1900. – 9 der 14 Angeklagten wurden verurteilt. Göckel, 65.
74 Oberbadisches Volksblatt, Lörrach, 11. 11. 1938. StadtA Lö HA 1900.
75 Bericht des Landrats Lörrach vom 30. August 1946 an die Zentral-Historische Kommission beim Zentralkomitee der befreiten Juden in der Amerikanischen Zone, München. StA Freiburg, G 17/1 Nr. 3667. – Die Gefangennahme und «Schutzhaft» in Dachau ist für folgende Lörracher Juden belegt: August Samuel Weil, Rabbiner Reutlinger (Ruprecht, 53); Heinz Selinger (Brief an Walter Jung, siehe Anm. 76); Emil Odenheimer (Yad Vashem Archives, ITS, Master Index, Reel 6 O).
76 Brief von Heinz Selinger-Beck, San Francisco, an Walter Jung, Ratschreiber von Lörrach, 5. 12. 1970. StadtA Lö HA 2922. – Heinz Selinger-Beck emigrierte kurz nach der «Kristallnacht» und seiner Haft in Dachau mit seiner Familie nach Amerika.

77 Gespräch mit Herta Sauerbeck-Winter, 10. 4. 2000.
78 Ruprecht, 55. Die Schulen im benachbarten Riehen BS nahmen jüdische Schüler auf. Bekannt ist der Fall von Peter Weil, der von 1937 bis April 1940 die Schulen in Riehen besuchte. Die Familie Weil emigrierte im Mai 1940. Der Vater, August Weil, und sein Sohn Peter kehrten als einige der wenigen Lörracher Juden nach dem Krieg in ihre Heimatstadt zurück; Peter Weil gehörte fast 20 Jahre lang, bis zu seinem Tod im Jahre 1986, dem Lörracher Stadtrat an.
79 Gespräch mit Herta Sauerbeck-Winter, 10. 4. 2000.
80 Amtliches Einwohnerbuch der Kreishauptstadt Lörrach. Nach Uraufnahmen und amtlichen Quellen bearbeitet von Hanns Uhl. 1939. Verlag «Tagespost» Volkszeitung, Lörrach. StadtA Lö.
81 Bericht des Landrats Lörrach vom 30. August 1946 an die Zentral-Historische Kommission beim Zentralkomitee der befreiten Juden in der Amerikanischen Zone, München. StA Freiburg, G 17/1 Nr. 3667.
82 Yad Vashem Archives, ITS, Master Index, Reel 189 G.
83 Brief aus Gurs von Marie Grunkin vom 15. 1.1941. Der Name des hilfsbereiten Gestapomannes wird in einem andern Brief aus Gurs «Vinger» geschrieben. Vgl. S. 78.
84 Gespräch mit Eugen Kreder, 31. 5. 2000.
85 Bericht des Gendarmerie-Postens Grenzach zur Beantwortung des Fragebogens des Zentralkomitees der befreiten Juden, 16. August 1946. StA Freiburg, G 17/1 Nr. 3667.
86 Liste über die am 22. Oktober 1940 von Lörrach nach Gurs/Südfr. deportierten Juden. Übersandt vom Oberrat der Israeliten Badens, Karlsruhe, an das Bürgermeisteramt Lörrach, 5. 10. 1960. StadtA Lö HA 1900.
87 Gespräch mit Anneliese Eichhorn, 15. 5. 2000.
88 Die Fotos stammen eventuell von Kriminalobersekretär Kühner; er «soll bei einer Judenaktion fotografische Aufnahmen gemacht haben». Erhebungen des Polizeikommissärs Baier, 19. 8. 1946. StA Freiburg,G 17/1 Nr. 3667 .
89 Bericht des Landrats Lörrach vom 30. August 1946 an die Zentral-Historische Kommission beim Zentralkomitee der befreiten Juden in der Amerikanischen Zone, München. StA Freiburg, G 17/1 Nr. 3667.
90 Schreiben des Chefs der Sicherheitspolizei und des SD Heydrich an das Auswärtige Amt Berlin über «die Abschiebung der Juden aus Baden», 29. 10. 1940. In: Sauer, Dokumente, II. Teil, 2.
91 Mitteilung von Walter Jung, Altratschreiber, Lörrach. Erst 1962, zum 80. Geburtstag von Dr. Samuel Moses, und vor allem in den Achtzigerjahren wurde der ehemaligen jüdischen Mitbürger wieder gedacht.
92 Anordnung des badischen Gauleiters Robert Wagner vom 23. 10. 1940 an das Landratsamt Lörrach. In: Sauer, Dokumente, II. Teil, 238.
93 Bericht über Verschickung von Juden deutscher Staatsangehörigkeit nach Südfrankreich, 30. 10. 1940. In: Sauer, Dokumente, II. Teil, 243.
94 Fragebogen, ca. 1964, ohne nähere Angaben. StadtA Lö, HA 5119.
95 Zum Beispiel vor dem Haus, in dem die Familie Willstätter gewohnt hatte. Gespräch mit Eugen Kreder, 31. 5. 2000.
96 Ab 1939 mussten die jüdischen Frauen ihrem Namen «Sara» beifügen, die jüdischen Männer dem ihren «Israel».

97 Fahrnisverzeichnis Sara Grunkin (Abschrift) und Bericht des Krim. Insp. Lörrach vom 19. 1. 1949. Privatarchiv Grunkin.
98 Gespräch mit Anneliese Eichhorn, 15. 5. 2000.
99 Schreiben Heydrichs vom 29. 10. 1940. In: Sauer, Dokumente, II. Teil, 2.
100 Sauer, Schicksale, 269f.
101 Zum Beispiel in Wiehn, Erhard R. (Hrsg.): Oktoberdeportation 1940, Konstanz 1990, 155ff., 531ff.
102 Als «indésirables» («Unerwünschte») wurden die deutschen und österreichischen Immigranten bezeichnet, die schon längere Zeit in Frankreich lebten und die nach dem Einmarsch der Deutschen Armee im Mai 1940 von den französischen Behörden verhaftet und in Internierungslager gesteckt wurden. Nach Gurs kamen 9000 Personen, ausschliesslich Frauen und Kinder. Die meisten von ihnen konnten bis zum Oktober 1940 das Lager wieder verlassen. Laharie, Claude: Le Camp de Gurs 1939–1945, Biarritz 1993 (2. Auflage), 143ff. – Schramm, Hanna/Vormeier, Barbara: Vivre à Gurs, Paris 1979, 7ff.
103 Nach dem am 4. Oktober 1940 von der Vichy-Regierung erlassenen antisemitischen Gesetz über die Situation der ausländischen Juden in Frankreich konnten die Präfekten der einzelnen Departemente alle Ausländer jüdischer Herkunft, die sich in ihrem Gebiet befanden, in Lager internieren. Gesetz zitiert in Vormeier, Barbara: Quelques aspects de la politique française à l'égard des émigrés allemands 1933–1942, Paris 1979, 362.
104 Laharie, 38ff. – Ein Plan des Lagers vom 28. 5. 1942 befindet sich in den Archives départementales des Pyrénées-Atlantiques in Pau. Arch. Dep. Pyr.-Atl., 72 W 5. Er darf nicht kopiert werden.
105 Laharie, 173.
106 Laharie, 42ff. – Es gibt viele erschütternde Augenzeugenberichte, welche die schrecklichen Zustände in Gurs darstellen. Vgl. u. a. Wiehn, Oktoberdeportation. Weitere Berichte in Philipp, Michael (Hrsg.): Gurs, Hamburg 1991; Friesländer-Bloch, Berty: Chanuka und Weihnachten in Gurs, zitiert in Sauer, Schicksale, 273f. – Eindrückliche Fotos, Zeichnungen und Aquarelle finden sich in Bullinger, Thomas: Gurs, Viborg 1993.
107 Laharie, 331. – Eine Namensliste der im Lager Gurs von 1939 bis 1943 Verstorbenen findet sich in Laharie, 371ff.
108 Vgl. Gedenkbuch für die Toten und Vermissten des Krieges 1939–1945. Stadt Lörrach, o. D.
109 Brief von Gustav Willstätter aus Gurs an Maximo Willstätter, Buenos Aires, 16. 10. 1941. Privatbesitz.
110 Mission du C.I.C.R. dans les camps d'internés civils du Sud de la France, décembre 1940. ACICR, C SC, Service des Camps, France (Übersetzung der Zitate durch L. S.). Vgl. auch Rapport du Comité international de la Croix-Rouge sur les visites des camps d'internés civils du Sud de la France, effectuées par son délégué, au mois de novembre 1940, 6 janvier 1941. ACICR, B G 3/28. – Dr. Alec Cramer war auch Mitglied des IKRK.
111 Ausführlich zu diesem Thema siehe Picard, Jacques: Ein Paket aus der Schweiz. Die jüdische Hilfsaktion für Gurs und die politische Lage der Juden in der Schweiz 1940–1942. In: Wiehn, 73ff. Derselbe: Die Schweiz und die Juden 1933–1945, Zürich 1994, 396–405. – Feigenwinter, Danilea: Hilfe-

leistung der Juden in der Schweiz für Gurs. Ungedruckte Lizentiatsarbeit der Universität Basel 1991. – In Wiehn, Oktoberdeportation, finden sich viele Dokumente, welche die Hilfsaktionen für Gurs belegen, z.B. 635ff., 652ff.
112 Laharie, 310ff.
113 Laharie, 385.
114 Brief von Emil Odenheimer aus Gurs an seine Tochter Gretel, 27. 2. 1941. Privatbesitz.
115 Schmidlin, Antonia: Eine andere Schweiz. Helferinnen, Kriegskinder und humanitäre Politik 1933–1942. Zürich 1999, 150ff. – Laharie, 207, 348ff. – Picard, Die Schweiz und die Juden, 399. – Kasser, Elsbeth: Aus meinem Erleben im Lager von Gurs 1940–1943. In: Wiehn, 567ff. – Die Tätigkeit von Schwester Elsbeth Kasser wurde auch im oben genannten Artikel der Basler Nachrichten beschrieben, zusammen mit einem Spendenaufruf für den Secours Suisse.
116 Werner, Josef: Die Deportation nach Gurs. In: Wiehn, 251–321, hier 280. – Laharie, 199.
117 Brief des Landrats Lörrach an Rosa Schäublin-Grunkin, 23. 1. 1941. Privatarchiv Grunkin.
118 Das Gesuch für Fanny Grunkin liegt im Staatsarchiv Basel; es trägt den Vermerk des Schweizer Konsuls von Toulouse, dass die Gesuchstellerin angebe, 1939 eine Einreisebewilligung erhalten zu haben, von der sie aber keinen Gebrauch gemacht habe. StABS PD-Reg 3, 24022. Die im folgenden erwähnten Gesuche und Korrespondenzen mit der Fremdenpolizei liegen im gleichen Dossier.
119 Die Eidgenössische Fremdenpolizei hat zwischen Frühjahr 1938 und November 1944 14'500 von insgesamt 24'100 Einreisegesuchen von Ausländern, die in der Schweiz Zuflucht suchten, abgelehnt. Koller, Guido: Entscheidungen über Leben und Tod, Bern 1996, 97f. – Zur Problematik der von der Schweiz abgewiesenen jüdischen Flüchtlinge informiert ausführlich der Bericht der Unabhängigen Expertenkommission Schweiz – Zweiter Weltkrieg.
120 Dossier individuel (Fanny Grunkin). In den Archives départementales des Pyrénées-Atlantiques in Pau werden Karteikarten für alle im Oktober 1940 aus Baden deportierten Juden aufbewahrt, die detailliert über Personalien, Eintritt ins Lager, Übertritt in andere Ilots oder Lager und schliesslich über Befreiung (LIBEREE) oder Deportation nach Auschwitz (Parti convoi du ...) Auskunft geben, sowie persönliche Dossiers, welche alle Akten betreffend die Internierten enthalten. Fichier et Dossiers individuels des internés du camp de Gurs. Arch. Dep. Pyr. Atl.
121 Note de service, Camp de Gurs vom 19. 4. 1941 mit genauen Angaben über Reiseroute und Zeitpunkt der Ausreise in Annemasse. Französisches Original und deutsche Übersetzung, vermutlich im Lager ausgefertigt. Privatarchiv Grunkin.
122 Arztzeugnis von Dr. med. A. Schüler, Basel, vom 5. 3. 1948. Abschrift. (Original französisch, Übersetzung durch L. S.). Privatarchiv Grunkin.
123 Personaldossier V.S.J.F. «Grumkin Fanny 1878». Archiv für Zeitgeschichte, ETH-Zentrum, Zürich.

124 Gespräch mit I. Z., 15. 5. 2000.
125 Der IKRK-Delegierte Cramer spricht in seinem zweiten Bericht über die südfranzösischen Internierungslager vom Oktober 1941 von 250 bis 300 kleinen Paketen, die regelmässig über Portugal geliefert würden, und von ungefähr 35'000 ffrs., die täglich im Lager Gurs eintreffen. Rapport sur les camps d'internés civils du Sud de la France. Visités par le Dr. A. Cramer, membre du Comité international de la Croix-Rouge. 25 septembre–10 octobre 1941. ACICR, C SC, Service des camps, France.
126 Laharie, 208ff. – Mittag, Gabriele: Es gibt Verdammte nur in Gurs. Literatur, Kultur und Alltag in einem französischen Internierungslager, Tübingen 1995.
127 Karteikarte des Lagers Gurs für Franz Wrobel, geboren 8. 1. 1918, aus Mannheim. Fichier des internés du camp de Gurs. Arch. Dep. Pyr. Atl.
128 Rapport sur les camps d'internés civils du Sud de la France. Visités par le Dr. A. Cramer, membre du Comité international de la Croix-Rouge. 25 septembre–10 octobre 1941. ACICR, C SC, Service des camps, France. – Im Jahre 1941 nahmen die Emigrationsmöglichkeiten ständig ab: Am 1. Juli 1941 hatten die Vereinigten Staaten neue Bestimmungen erlassen, um die jüdische Einwanderung zu bremsen, und ab Oktober 1941 verboten die Nationalsozialisten den Juden die Auswanderung aus Europa. Trotz dieser Tatsachen und trotz des eindringlichen Berichtes von Dr. Alec Cramer erklärte das Mitglied des IKRK, C. J. Burckhardt, im Dezember 1941 gegenüber dem Intergovernmental Committee for Refugees: «Das Problem der Flüchtlingshilfe im unbesetzten Frankreich ist für das Rote Kreuz zweitrangig.» Vgl. Favez, Jean-Claude: Das Internationale Rote Kreuz und das Dritte Reich, Zürich 1989, 318f.
129 Karteikarte Marie Grunkin. Fichier des internés du camp de Gurs. Arch. Dep. Pyr. Atl.
130 Dossier individuel Josef Grunkin, Arch. Dep. Pyr. Atl.
131 Laharie, 128ff., 223f. – Das IKRK hatte von dieser Praxis offenbar Kenntnis: Dr. A. Cramer schreibt in seinem Bericht vom Oktober 1941 (siehe Anmerkung 128), dass die deutsche Kommission Todt in die Lager und sogar in die Spitäler der unbesetzten Zone gekommen sei, um Spanier und später Israeliten – Männer und halbe Kinder – auszuheben, um sie in den Festungen der Verbotenen Zone arbeiten zu lassen. Im Spital St. Louis in Perpignan habe sie 64 Kranke, die noch nicht geheilt waren, mitgenommen. Mehr als 200 der etwa 500 dieser Arbeiter seien bei Bombardierungen getötet worden. – Die nach ihrem Gründer Fritz Todt benannte Organisation war für die Durchführung weitreichender Hoch- und Tiefbauarbeiten im nationalsozialistischen Deutschland zuständig. Nach der Niederlage Frankreichs befasste sich Todt mit dem Ausbau der Küstenverteidigung im Westen von Norwegen bis zum Golf von Biskaya. Gutmann, Israel u. a. (Hrsg.): Enzyklopädie des Holocaust. Band II, Berlin 1993, 1071f.
132 Karte von Josef Grunkin vom 17. 6. 1942 an Rosa Grunkin (vgl. S. 106).
133 Dossier individuel Marie Grunkin. Arch. Dep. Pyr. Atl.
134 Artikel 19 des Waffenstillstandsvertrages. Zitiert in von Moos, Herbert (Hrsg.): Das grosse Weltgeschehen, Band I, Bern 1940, 295.
135 Cohen, Monique-Lise/Malo, Eric (Hrsg.): Les Camps du Sud-Ouest de la France, Toulouse 1994, 120.

136 Klarsfeld, Serge: La livraison par Vichy des juifs de zone libre dans les plans SS de déportation des juifs de France. In: Cohen/Malo, 138f. – Die Problematik der französischen Beihilfe zur «Endlösung», während Jahrzehnten tabuisiert, wird heute in Frankreich vermehrt untersucht. Im Jahre 1995 anerkannte Jacques Chirac als erster französischer Präsident die Mitverantwortung Frankreichs an der Deportation von Juden im Zweiten Weltkrieg.
137 Walfisch, Heini: Bericht aus Gurs. In: Schramm, Hanna: Menschen in Gurs, Worms 1977, 140.
138 Laharie, 236ff.
139 Karteikarte Josef Grunkin: Parti convoi du 1 sept. 1942. Fichier des internés du camp de Gurs. Arch. Dep. Pyr. Atl.
140 Laharie, 244.
141 National-Zeitung, Basel, Nr. 373, 14. 8. 1942.
142 Karteikarte Franz Wrobel. Fichier du camp de Gurs. Arch. Dep. Bas. Pyr. – Im August 1942 lauteten die Bestimmungen, dass gewisse Kategorien von Internierten – Kinder unter 16 Jahren, Menschen über 65 Jahren, mit Ariern verheiratete Juden – nicht deportiert werden konnten (Laharie, 241). Vielleicht fiel Franz Wrobel als «Halbjude» auch unter diese Bestimmungen.
143 Brief von Franz Wrobel, Navarrenx, an Rosa Grunkin, 21. 9. 1942. Privatarchiv Grunkin. – Ob Franz Wrobel überlebt hat oder nicht, wissen wir nicht. (Brief des Oberrats der Israelitischen Religionsgemeinschaft Baden an L. S., 24. 7. 2000).
144 Klarsfeld, Serge: Le mémorial de la déportation des juifs de France, Paris 1978. – Marie Grunkin wurde 1945 für tot erklärt. Stadt Lörrach: Gedenkbuch, 72.
145 Yad Vashem Archives. – Mitteilung Museum Auschwitz, 15. 5. 2000. – Brief des Landesamtes für die Wiedergutmachung, Freiburg i. Br., vom 21. 4. 1955. Privatarchiv Grunkin. Dieser Brief bezieht sich auf die Daten des Internationalen Suchdienstes Arolsen.

Bibliographie

Ungedruckte Quellen

Staatsarchiv Basel-Stadt (StABS)
Aufenthaltskontrolle V (1904) 8871, 8727.
Civilstand L 1, 1908.
PD-Reg 3, 22309, 24022.
AK 22309, 24022.

Staatsarchiv Freiburg i. Br. (StA Freiburg)
G 17/1 Landratsamt Lörrach Nr. 3682.
G 17/1 Landratsamt Lörrach Nr. 3667.

Stadtarchiv Lörrach (StadtA Lö)
HA 1899a.
HA 1900.
HA 2922.
HA 5119.
PH Zulassungsarbeit ZA 60.
Adressbücher der Stadt Lörrach.

Archiv für Zeitgeschichte, ETH, Zürich
Akten Verband Schweizerischer Jüdischer Fürsorgen (VSJF)

Archives départementales des Pyrénées-Atlantiques, Pau (Arch. Dep. Pyr. Atl.)
Fichier des internés du camp de Gurs.
Dossiers individuels des internés du camp de Gurs.
Archives de la sous-préfecture d'Oloron-Sainte-Marie.

Archives du Comité International de la Croix-Rouge, Genève (ACICR)
[Dr. Alec Cramer]: Mission du C.I.C.R. dans les camps d'internés civils du Sud de la France, décembre 1940. C SC, France.
Rapport du Comité international de la Croix-Rouge sur les visites des camps d'internés civils du Sud de la France, effectuées par son délégué, au mois de novembre 1940. B G 3/28.
[Dr. Alec Cramer]: Rapport sur les camps d'internés civils du Sud de la France. Visités par le Dr. A. Cramer, membre du Comité international de la Croix-Rouge. 25 septembre – 10 octobre 1941. C SC, France.

(Abgedruckt in Klarsfeld, Serge: Recueil de documents des Archives du Comité international de la Croix-Rouge sur le sort des juifs de France internés et déportés 1939–1945. 2 Bde, Lyon 1999.)

Yad Vashem Archives
ITS (International Tracing Service) Master Index.

Museum Auschwitz-Birkenau
Mitteilung vom 15. Mai 2000.

Privatarchiv Grunkin (PA Grunkin)
Briefe von Josef und Marie Grunkin aus dem Lager Gurs, 1940–1942, an Paul und Rosa Schäublin-Grunkin (32 Briefe und Karten und ein Brieffragment).
Briefe von Josef und Marie Grunkin aus Lörrach und Crailsheim, 1939/1940, an Paul und Rosa Schäublin-Grunkin (12 Briefe und Brieffragmente).
Verschiedene Akten betr. Familie Grunkin.

Privatarchiv Rudi Ortlieb, Lörrach
Akten zur Deutschen Glaubensbewegung.

Mündliche Quellen

Gespräche mit folgenden Personen:
Rosa Schäublin-Grunkin (geb. 1910), 9. 7. 1996 und verschiedene Gespräche September 1999 bis August 2000.
Anneliese Eichhorn (geb. 1921), Lörrach, 15. 5. 2000.
Walter Jung (geb. 1923), Altratschreiber, Lörrach, 29. 2. 2000.
Eugen Kreder (geb. 1926), Riehen 31. 5. 2000.
Willi Leng (geb. 1921), Lörrach 13. 4. 2000.
Heinz Massatsch, Lörrach, 10. 5. 2000.
Herta Sauerbeck-Winter (geb. 1919), Lörrach 10. 4. 2000.
Herbert Wagner (geb. 1924), Lörrach 10. 4. 2000.
Frau I. Z. (geb. 1917), Lörrach, 15. 5. 2000. Dort auch Tagebuch ihres Gatten A. Z.

Gedruckte Quellen und Publikationen mit Quellencharakter

Ungedruckte Manuskripte sind aufgeführt, wenn sie öffentlich zugänglich sind. Kurzartikel in Zeitungen werden in den Fussnoten angeführt.

Bloch, Alfred: Aus der Vergangenheit der Lörracher Juden. 1.–3. Teil. In: Unser Lörrach 10 (1979), 11 (1980), 12 (1981).
Bosch, Manfred: «...dass Macht nicht gleich Recht sei.» In: Rheinfelder Geschichtsblätter Nr. 5, Rheinfelden 1995, 5–16.
Bullinger, Thomas: Gurs – Ein Internierungslager in Südfrankreich 1939–1943. Zeichnungen. Aquarelle. Fotografien. Sammlung Elsbeth Kasser, Viborg 1993.
Cohen, Monique-Lise/Malo, Eric (Hrsg.): Les Camps du Sud-Ouest de la France. Exclusion, internement et déportation. 1939–1944, Toulouse 1994.
Favez, Jean-Claude: Das Internationale Rote Kreuz und das Dritte Reich. War der Holocaust aufzuhalten? Zürich 1989.
Feigenwinter, Daniela: Hilfeleistungen der Juden in der Schweiz für Gurs. Ungedruckte Lizentiatsarbeit der Universität Basel 1991.
Göckel, Wolfgang: Lörrach im Dritten Reich. In: Das Markgräflerland, Heft 2, Schopfheim 1990, 31–85.
Gutmann, Israel u. a. (Hrsg.): Enzyklopädie des Holocaust. Die Verfolgung und Ermordung der europäischen Juden, 3 Bände, Berlin 1993.
Kasser, Elsbeth: Aus meinem Erleben im Lager von Gurs 1940–1943. In: Wiehn, 567–572.
Klarsfeld, Serge: La livraison par Vichy des juifs de zone libre dans les plans SS de déportation des juifs de France. In: Cohen/Malo, 133–154.
Klarsfeld, Serge: Le mémorial de la déportation des juifs de France, Paris 1978.
Koller, Guido: Entscheidungen über Leben und Tod. Die behördliche Praxis in der schweizerischen Flüchtlingspolitik während des Zweiten Weltkrieges. In: Die Schweiz und die Flüchtlinge, Studien und Quellen 22, Bern 1996, 17–106.
Laharie, Claude: Le Camp de Gurs 1939–1945. Un aspect méconnu de l'histoire de Vichy, Biarritz 1993 (2. Auflage). (1. Auflage unter dem Titel: Le Camp de Gurs 1939–1945. Un aspect méconnu de l'histoire du Béarn, Pau 1985).
Mittag, Gabriele: Es gibt Verdammte nur in Gurs. Literatur, Kultur und Alltag in einem französischen Internierungslager, Tübingen 1995.
Ruprecht, Henriette: Geschichte des deutschen Judentums – Geschichte

der Lörracher Juden. Ungedruckte Zulassungsarbeit der Pädagogischen Hochschule Lörrach 1969.
Philipp, Michael (Hrsg.): Gurs. Ein Internierungslager in Südfrankreich 1939–1943. Literarische Zeugnisse, Briefe, Berichte, Hamburg 1991.
Picard, Jacques: Die Schweiz und die Juden 1933–1945. Schweizerischer Antisemitismus, jüdische Abwehr und internationale Migrations- und Flüchtlingspolitik, Zürich 1994.
Picard, Jacques: Ein Paket aus der Schweiz. Die jüdische Hilfsaktion für Gurs und die politische Lage der Juden in der Schweiz 1940–1942. In: Wiehn, 73–91.
Sauer, Paul: Die Schicksale der jüdischen Bürger Baden-Württembergs während der nationalsozialistischen Verfolgungszeit 1933–1945, Stuttgart 1969.
Sauer, Paul: Dokumente über die Verfolgung der jüdischen Bürger in Baden-Württemberg durch das nationalsozialistische Regime 1933–1945, I. und II. Teil, Stuttgart 1966.
Schmidlin, Antonia: Eine andere Schweiz. Helferinnen, Kriegskinder und humanitäre Politik 1933–1942, Zürich 1999.
Schramm, Hanna/Vormeier, Barbara: Vivre à Gurs. Un camp de concentration français 1940–1941, Paris 1979.
Schramm, Hanna: Menschen in Gurs, Worms 1977.
Seiler, Lukrezia/Wacker, Jean-Claude: «Fast täglich kamen Flüchtlinge». Riehen und Bettingen – zwei Schweizer Grenzdörfer in der Kriegszeit. Erinnerungen an die Jahre 1933–1948, Riehen 1996.
Stadt Lörrach: Gedenkbuch für die Toten und Vermissten des Krieges 1939–1945, Lörrach o.J.
Unabhängige Expertenkommission Schweiz – Zweiter Weltkrieg: Die Schweiz und die Flüchtlinge zur Zeit des Nationalsozialismus, Bern 1999.
Von Moos, Herbert (Hrsg.): Das grosse Weltgeschehen, Band I, Bern 1940.
Vormeier, Barbara: Quelques aspects de la politique française à l'égard des émigrés allemands 1933–1942. In: Schramm/Vormeier: Vivre à Gurs, 179–363.
Wacker, Jean-Claude: Humaner als Bern! Schweizer und Basler Asylpraxis gegenüber den jüdischen Flüchtlingen von 1933 bis 1943 im Vergleich, Basel 1992.
Walfisch, Heini: Bericht aus Gurs. In: Schramm, Menschen, 140.
Werner, Josef: Die Deportation nach Gurs. In: Wiehn, 251–321.
Wiehn, Erhard R. (Hrsg.): Oktoberdeportation 1940. Die sogenannte «Abschiebung» der badischen und saarpfälzischen Juden in das französische Internierungslager Gurs und andere Vorstationen von Auschwitz, Konstanz 1990.